결혼·여름

세계교양전집 46

결혼·여름

알베르 카뮈 지음
구영옥 옮김

올리버

알베르 카뮈 Albert Camus

• 차례 •

결혼

티파사에서의 결혼   10

제밀라에 부는 바람   21

알제의 여름   30

사막   48

여름

미노타우로스 또는 오랑에서의 휴식   70

아몬드나무들   102

저승에 간 프로메테우스   107

과거 없는 도시들을 위한 짧은 안내서   113

추방된 헬레네   120

수수께끼   128

티파사에 돌아오다   138

가장 가까운 바다 (항해일지)   151

작가 연보   164

결혼

사형집행인이 비단 끈으로
카라파 추기경의 목을 매달았지만 이내 끈이 끊어져 버렸다.
그래서 두 번이나 다시 시도해야 했다.
추기경은 말 한마디조차 하지 않은 채로 집행인을 바라봤다.

스탕달, 《팔리아노 공작부인》

티파사에서의 결혼

봄이면 티파사에는 신들이 산다. 신들은 햇빛과 압생트 풀 향기 속에서, 은빛 갑옷을 입은 바다에서, 푸른빛 그대로의 하늘 아래서, 꽃들로 뒤덮인 폐허에서, 돌무더기 사이에서 이글대는 거대한 아지랑이 속에서 이야기를 나눈다. 어떤 시간이 되면 들판은 햇볕으로 검게 물든다. 눈은 다른 것들을 붙잡으려 하지만 속눈썹 끝에 걸려 떨고 있는 빛과 색채의 방울들만이 잡힌다. 향기로운 초목들의 짙은 향기가 목을 긁어대고 대단한 열기 속에서 숨이 막힌다. 풍경의 끝자락에서 마을 주변 언덕들에 뿌리를 내린 거뭇한 덩치의 슈누아 산이 정확하고 둔중한 리듬에 맞춰 흔들며 바다로 가서 웅크린다.

우리는 이미 바다를 향해 열려 있는 마을에 도착했다. 노랗고 파란 세계로 들어가자 알제리의 여름 땅이 향기로우면서도 맵싸한 숨을 내쉬며 우리를 맞이했다. 마을 곳곳에서 장밋빛 부겐

빌레아가 빌라의 담장 밖으로 삐져나와 있다. 정원에는 아직은 옅은 분홍빛의 히비스커스와 크림처럼 두툼한 홍차향 장미가 테두리가 선명한 파란 붓꽃과 조화를 이루며 흐드러지게 피어 있다. 돌들은 달궈지지 않은 것이 없었다. 우리가 미나리아재비 꽃의 황금빛으로 칠한 버스에서 내렸을 때 빨간 차를 몰고 아침나절 행상을 나온 푸줏간 주인들은 나팔을 울리며 주민들을 불러 모은다.

항구 왼편에는 마른 돌계단이 폐허로 이어져 있고 양쪽으로 유향나무와 금작화가 피어 있다. 그 길은 작은 등대 앞을 지나 드넓은 들판 한가운데로 빠져든다. 등대 발치에서 이미 보라색과 노란색, 빨간색 꽃이 핀 두툼한 식물들이 첫 번째 바위를 향해 내려가고 바다는 요란한 입맞춤 소리를 내며 바위를 빨아들인다. 우리는 그곳에 서서 햇볕 아래 미풍을 맞으며 한쪽 뺨만 데우고 하늘에서 내려오는 빛과 잔물결 하나 없는 바다와 반짝이는 치아가 드러나는 바다의 미소를 바라봤다. 우리는 폐허의 왕국에 들어가기 전에 마지막으로 관람객이 되었다.

몇 걸음 걸으니 압생트 풀 향기가 목구멍을 할퀸다. 회색 털이 난 압생트 풀이 까마득히 폐허를 뒤덮고 있다. 압생트 향유가 열기에 발효되면서 은근한 알코올이 땅에서 태양까지 온 세상에 퍼져 하늘도 비틀거린다. 우리는 사랑과 욕망을 만나러 걸어 나갔다. 우리는 교훈을 얻거나 위대해지기 위해 필요한 쓰디쓴 철학을 찾으려는 것이 아니다. 햇빛, 입맞춤, 야생의 향기 외에는 모든 것이 부질없어 보인다. 이곳에서 나는 굳이 혼자가 되려고 하지 않는다. 나는 사랑하는 사람들과 함께 종종 이곳에 왔고 사랑이 만연한 그들의 표정에서 보이는 밝은 미소를 읽었다. 여기서는 질서나 조화 따위는 남에게나 줘버린다. 자연과 바다의 위대한 자유분방함이 나를 완전히 사로잡는다. 폐허와 봄의 결혼 속에서 폐허는 다시금 돌이 되고 인간의 손길로 얻은 광택을 잃고 자연으로 돌아간다. 이 탕아들의 귀환을 위해 자연은 꽃들을 아낌없이 피워놓았다. 광장의 포석들 틈으로 헬리오트로프가 둥글고 하얀 머리를 내밀고 붉은 제라늄이 집, 사원, 공공장소의 옛터에 붉은 피를 쏟아낸다. 다양한 지식을 쌓은 인간이 마침내 신에게 돌아갔던 것처럼 기나긴 세월은 폐허들을 제 어머니의 집으로 돌아가게 한다. 마침내 이제야 폐허의 과거가 폐허를 떠났으니 무너질 운명인 만물의 한가운데로 폐허를 다시 데려가는 저 심오한 힘 앞에서 폐허는 아무것도 할 수 없다.

압생트 풀을 짓뭉개고 폐허를 어루만지며 세상의 거친 한숨에 나의 숨결을 맞추려 애쓰면서 얼마나 오랜 시간을 보냈던가! 야생의 향기와 나른한 곤충들의 합창에 파묻혀, 나는 열기로 가득 찬 하늘의 참을 수 없는 장엄함에 눈과 마음을 활짝 연다. 자신이 되는 것, 자신의 깊고 심오한 척도를 찾는 것은 결코 쉬운 일이 아니다. 그러나 슈누아 산의 단단한 등줄기를 보고 있자면 내 마음은 묘한 확신으로 차분해졌다. 나는 호흡하는 법을 배우고 그 속에 녹아들어 나 자신을 완성해 갔다. 나는 작은 언덕을 하나씩 기어올랐고 그때마다 언덕은 내게 보상을 안겨줬다. 예를 들어 사원에 오르면 기둥들이 태양의 운행을 재고 있고, 희고 발그레한 담벼락과 초록빛 베란다가 있는 마을 전체가 한눈에 내다보였다. 동쪽 언덕에 있는 교회당도 그렇다. 벽이 그대로 남아 있었고 그 주위로 발굴된 석관들이 커다란 원을 그리며 줄지어 있는데 대부분은 아직 땅에 묻혀 있었다. 그 옛날 시신들이 담겼던 석관에 이제는 샐비어와 향꽃무가 자라고 있다. 생트-살사 교회당은 기독교 사원이지만 틈새로 바라볼 때마다 세상의 선율이 우리에게까지 다가온다. 소나무와 사이프러스 나무가 심어진 언덕들이나 20미터 정도 떨어진 곳에서 강아지 털 같은 복슬복슬한 하얀 포말을 굴리는 바다. 생트-살사를 떠받치고 있는 이 언덕은 정상이 평평해서 바람이 돌기둥 사이를 통과해 더 세차게 불어온다. 아침의 태양 아래서 크나큰 행복이 허공에서 남실거린다.

신화를 원하는 사람들은 참으로 딱하다. 이곳에서 신들은 침대와 하루 해의 좌표 노릇을 한다. 나는 묘사하고 말한다. "여기 붉은빛, 파란빛, 초록빛을 띠는 것이 있다. 그것은 바로 바다, 산, 꽃들이다." 유향나무 열매를 으깨서 그 냄새 맡는 것을 좋아한다고 말하면 될 것을 굳이 디오니소스(그리스 신화에 등장하는 포도와 풍요의 신이자, 광기와 황홀경의 신 - 역주)의 이야기까지 꺼낼 필요가 있을까? "이 땅에 살면서 이것들을 본 사람은 행복하리라." 나도 나중에 자유롭게 떠올릴, 이 오래된 찬가가 과연 데메테르(그리스 신화에서 곡식과 수확의 신 - 역주)의 것일까? 본다는 것, 이 땅에서 본다는 것, 그 교훈을 어떻게 잊을 수 있을까? 엘레우시스의 신비(대지의 여신 데메테르와 그의 딸이자 하데스의 아내였던 페르세포네를 주신主神으로 하여 고대 그리스의 엘레우시스에서 행해진 비밀 종교의식 - 역주)는 바라보는 것만으로도 충분했다. 이곳에서조차 내가 결코 이 세계에 가까이 갈 수 없음을 깨닫는다. 나는 벌거벗고 바다로 뛰어들어야 한다. 아직 대지의 향기가 가득한 온몸을 바다로 뛰어들어 씻어내고 오래전부터 대지의 입술과 바다의 입술이 갈망해 온 결합이 내 피부 위에서 이루어져야 한다. 물속에 들어가면 전율이 느껴지고 차갑고 탁한 끈적임이 용솟음친다. 이어 귓가에 윙윙거리는 소리가 들리고 콧물이 흐르고 입안에는 쓴맛이 돈다. 헤엄을 치면 두 팔은 바다에서 묻어 나온 물 때문에 태양 아래서 황금빛으로 빛나고 모든 근육을 비틀어 수면을 다시 내려친다. 몸 위로 물살이 미끄러지고 다리는 요동치며 물결을 포획한다. 그리고 수평선은 사라진다. 해변에서 나는 모래 위에 털썩 주저앉아 세상에 투항하고 육중한 살과 뼈로 돌아온다. 태양에 멍하니 취해, 이따금 내 팔을 바라보면 물이 미끄러지면서 물기가 사라지고 마른 피부 위로 금빛

솜털과 소금 먼지가 드러난다.

나는 여기서 '영광'이라고 불리는 것이 무엇인지 깨닫는다. 그것은 한없이 사랑할 수 있는 권리다. 이 세상에는 단 하나의 사랑만이 존재한다. 여인의 몸을 껴안는 것, 이 또한 하늘에서 바다로 내려가는 그 기묘한 즐거움을 껴안는 것이다. 잠시 후 압생트 풀밭에 몸을 던져 그 향기를 몸에 스며들게 할 때 나는 모든 편견을 거슬러 태양의 진리이자 내 죽음의 진리가 될 어떤 진실을 실현하고 있음을 의식하게 될 것이다. 어떤 의미에서 보면 나는 여기서 내 삶을 걸고 도박을 하는 셈이다. 뜨거운 돌의 맛이 느껴지는 삶, 바다의 숨결과 막 노래를 시작한 매미 소리로 가득한 삶. 바람은 상쾌하고 하늘은 푸르다. 나는 마음껏 이 삶을 사랑하고 자유롭게 삶에 관해 이야기하고 싶다. 이 삶은 내 인간 조건에 대해 자부심을 안겨준다. 그러나 사람들은 종종 내게 말했다. 자부심을 느낄 만한 구석이 없다고. 아니다, 분명 자부심을 느낄 만한 것이 있다. 이 태양, 이 바다, 젊음으로 요동치는 내 심장, 짠맛이 나는 내 몸, 노랗고 파란 배경 속에서 부드러움과 영광이 만나는 거대한 무대가 있다. 이것을 정복하려면 내 힘과 자원을 쏟아부어야 한다. 여기 모든 것이 나를 온전히 나 자신으로 내버려둔다. 나는 나 자신의 어떤 부분도 포기하지 않고 아무런 가면도 쓰지 않는다. 그저 인내심을 가지고 모든 처세술에 버금가는 삶이라는 어려운 기술을 끈기 있게 배우는 것으로 충분하다.

정오가 조금 못 되어 우리는 폐허를 지나 항구 끝에 있는 작은 카페로 돌아왔다. 태양과 색깔들이 내는 심벌즈 소리가 머릿속에서 요란하게 울려 퍼지고 있을 때 그늘진 실내와 큰 잔에 담긴 차가운 초록색 박하 음료수가 때마침 얼마나 반갑던지! 밖에는 바다와 먼지로 불타는 길. 나는 테이블 앞에 앉아 깜빡이는 속눈썹 사이로 뜨거운 하얀 하늘이 자아내는 다채로운 빛들을 붙잡으려고 애쓴다. 얼굴은 땀에 젖어 있지만 얇은 옷을 걸치고 있어 몸이 시원해진 우리는 세상과 결혼한 날의 행복한 피로를 늘어놓는다.

이 카페는 식사는 별로지만 과일은 많다. 특히 복숭아가 많은데 한입 베어 물면 과즙이 터져 턱까지 흐른다. 복숭아를 깊이 베어 물고 있으니 내 몸속 피의 강한 박동 소리가 귀에까지 올라와서 들리고 나는 눈을 크게 뜨고 바라본다. 바다 위로 한낮의 묵직한 고요가 흐른다. 아름다운 모든 존재는 그 아름다움에 대한 본래의 자부심을 가지고 있고 오늘날 세상은 그 자부심이 온천지로 배어 나오도록 내버려둔다. 그런 세상 앞에서, 삶의 기쁨 안에 모든 것을 담을 수 없음을 안다면 어찌 삶의 기쁨을 부정하겠는가? 행복하다는 것은 부끄러워할 일이 아니다. 이제는 바보들이 왕이다. 행복을 두려워하는 사람을 나는 바보라고 부른다. 우리는 자만심에 대해 너무도 많은 말을 들어왔다. "알고 있겠지만 그것은 사탄의 죄악이다. 경계하라, 그렇지 않으면 당신은 길을 잃고 생명력도 잃을 것"이라고 그들은 외쳐댔다. 그 후로 나는 알게 되었다. 실제로는 어떤 자만심은… 하지만 또 다른 때에는 온 세상이 내게 주려는 삶의 자긍심을 요구하지 않을 수 없다. 티파사에서 내가 보는 것이 곧 내가 믿는 것으로 생각하면서 내 손으로 만질 수 있는 것과 내 입술이 어루만질 수 있는 것들을 부정하려고 들지 않는다. 나는 그것으로 예술 작품을 만들 필요는 느끼지 않는다. 다만 다른 것에 관해 이야기하고 싶을 뿐이다. 내게 티파사는 세상에 대한 어떤 관점을 간접적으로 암시하려고 극 중에 묘사되는 인물들처럼 느껴진다. 그 인물들처럼 티파사는 힘 있게 증언한다. 이제 티파사는 나의 극 중 인물이 되었고 그를 어루만지고 묘사하노라면 내 황홀경은 끝이 없을 것만 같다. 삶을 살아가는 때가 있는가 하면 삶을 증언하는 때가 있다. 덜 자연스럽기는 하지만 창조할 때도 있다. 나는 온몸으로 살아가고 온 마음을 증언하는 것만으로 충분하다. 그러니 티파사에서 살고 증언하면 그다음에는 예술 작품이 뒤따를 것이다. 그 속에 자유가 있다.

나는 티파사에서 하루 이상 머문 적이 없다. 풍경을 만족할 만큼 보려면 오랜 시간이 걸리지만 그 풍경을 너무 많이 보게 되면 물리는 순간이 언젠가는 오게 마련이다. 산, 하늘, 바다는 얼굴과도 같아서 그저 보는 것이 아니라 응시하고 있으면 무미건조한 얼굴이나 찬란한 얼굴을 발견하게 된다. 하지만 얼굴에 의미를 담으려면 모든 얼굴에는 어떠한 새로움이 있어야 한다. 잊고 있던 세상을 다시 만나면 세상이 새롭게 보이는 것에 감탄해야 할 텐데 그러기는커녕 우리는 너무도 빨리 지루해진다고 불평한다.

저녁 무렵이면 나는 국도변에 가지런히 정돈된 공원의 한 귀퉁이로 돌아오곤 했다. 여러 향기와 태양의 소란에서 빠져나와 저녁이 되자 선선해진 공기를 마시니 마음이 차분해졌다. 몸에는 긴장이 풀렸고 충만한 사랑에서 비롯된 내면의 고요를 만끽했다. 나는 한 벤치에 앉았다. 해가 지면서 살이 오른 시골 풍경을 물끄러미 바라봤다. 나는 충만했다. 내 머리 위로 석류나무 한 그루가 꽃봉오리를 틔우고 있었는데 꼭 닫혀 있는 줄무늬의 봉오리는 마치 봄의 모든 희망을 꼭 움켜쥔 작은 주먹 같았다. 내 뒤로는 로즈메리가 있는지 특유의 알코올 향기만으로도 느낄 수 있었다. 멀리서 언덕들은 나무들에 둘러싸여 있어 마치 액자에 끼운 것처럼 보였다. 그 너머에는 바다의 가장자리 위에서 하늘이 고장 난 범선처럼 온전히 온화함을 머금은 채 쉬고 있었다. 마음속에서 묘한 기쁨이 피어났다. 그것은 고요한 의식에서 우러나오는 기쁨이었다. 배우들에게는 자기가 역할을 잘 해냈음을 의식했을 때 느끼는 감정이 있다. 더 정확하게는, 자신의 몸짓과 자기가 구현한 이상적인 인물의 몸짓을 일치시켰다는 것, 어떤 의미로는 미리 만들어놓은 그림 안에 들어가 자기 심장으로 그 인물에 단번에 생명을 불어넣어 숨 쉬게 만들었을 때 느끼는 감정과 같다. 바로 그 감정이 내가 느낀 감정이었다. 나는 내 역할을 훌륭히 해냈다. 인간으로서 본분을 다했다. 온종일 기쁨을 느낀 것을 특별한 성취로 여기지는 않지만, 어떤 상황에서는 행복해야 할 의무가 부여된 인간 조건을 뿌듯하게 성취한 듯했다. 우리는 다시 고독해지지만 이번에는 만족 속의 고독이었다.

이제는 새들이 나뭇가지마다 앉았다. 대지는 어둠으로 들어가기 전에 천천히 한숨을 내쉰다. 곧 처음 뜨는 별과 함께 밤이 세상의 무대 위로 내려올 것이다. 대낮의 눈부신 신들은 일상의 죽음으로 돌아갈 것이다. 하지만 다른 신들이 곧 찾아올 것이다. 더 어둡더라도 그들의 초췌한 얼굴은 결국 대지의 심장에서 태어나리라.

적어도 이 순간, 금빛 꽃가루가 춤을 추는 공간을 가로질러 파도가 모래 위로 끊임없이 피어나며 내게로 왔다. 바다, 들판, 고요, 대지의 향기 속에서 나는 향기로운 생명력으로 가득 찼고 이미 황금색으로 물든 세상의 열매를 베어 물어 달고도 강렬한 그 과즙이 내 입술을 타고 흘러내리는 것이 느껴지자 가슴이 벅차올랐다. 아니다, 중요한 것은 내가 아니고 세상도 아니다. 나와 세상 사이에서 사랑을 만드는 조화와 침묵만이 중요하다. 나는 이 사랑을 나만의 것으로 생각할 만큼 나약하지 않았다. 태양과 바다에서 태어나서 생기 넘치고 풍미 있으며 단순함에서 위대함을 만들고 해변에 서서 눈부신 미소에 공모자로서 미소로 화답하는 종족과 사랑을 나누는 것을 의식했고 그것을 자랑스럽게 여겼다.

제밀라에 부는 바람

정신이 죽어야 정신 자체를 부정하는 진리가 탄생하는 장소들이 있다. 제밀라에 갔을 때 바람이 불고 태양이 떠 있었다. 그러나 그것은 별개의 이야기다. 먼저 말해둘 것은, 묵직하고 거대한 침묵이 빈틈없이 감돌고 있었다는 것이다. 마치 균형이 잘 맞춰진 저울 같았다. 새들의 지저귐, 구멍이 세 개 난 피리의 조용한 선율, 염소들의 발걸음 소리, 하늘에서 들려오는 웅성거림, 이런 소리가 그 장소들을 고요하고 황폐하게 만들고 있었다. 간간이 둔탁한 소리나 날카로운 비명이 들리노라면 돌 사이에 숨어 있다가 날아오르는 새들이 눈에 띄었다. 이어지는 길마다 집터 사이로 난 오솔길과 빛나는 기둥 아래로 포석이 깔린 대로, 개선문과 언덕 위 신전 사이에 펼쳐진 드넓은 광장, 이 모든 것이 사방으로 제밀라를 감싸고 있는 협곡으로 인도하고 있다. 이러고 보면 제밀라는 마치 끝없는 하늘에서 카드를 뒤집어 보는 놀이 같았다. 시간이 흐르고 산들이 자라면서 보라색으로 변해가는 동안 그곳에서는 돌과 침묵 앞에서 집중하게 된다. 그러나 제밀라의 고원에는 바람이 분다. 폐허와 빛을 뒤섞는 바람과 태양의 거대한 융합 속에서 무언가가 형성되어 인간에게 죽은 도시의 고독과 침묵 속에서 그 정체를 가늠하게 한다.

제밀라에 가려면 시간이 꽤 걸린다. 잠시 들르거나 그저 지나가는 도시가 아니다. 도시는 어느 곳으로도 이어져 있지 않고 어떤 고장과도 면해 있지 않다. 그래서 되돌아올 수밖에 없는 곳이다. 죽은 도시는 굽이굽이 도로 끝에 있어서 모퉁이를 돌 때마다 곧 도시가 나타날 것 같은 인상을 주기 때문에 가는 길이 더욱 길게 느껴진다. 마침내 높은 산 사이에 끼어 빛바랜 고원 위에서 유골 같은 누런 골격을 드러낸 제밀라는 그제야 우리를 세상의 박동하는 심장으로 이끌 수 있는 것은 유일한 사랑과 인내라는 교훈을 상징하는 모습이 된다. 제밀라는 나무 몇 그루와 마른풀 속에서 흔해 빠진 감탄이나 피상적인 감상, 희망의 장난에 맞서면서 자기의 모든 산과 모든 돌을 지키고 있다.

이 메마른 찬란함 속에서 우리는 온종일 이리저리 돌아다녔다. 이른 오후에는 거의 불지 않던 바람이 시간이 지날수록 점점 거세져 온 풍경을 가득 채우는 듯했다. 바람이 동쪽 멀리서부터 산맥 사이로 일어나 지평선 저편에서 몰려오더니 돌들과 햇빛 사이에서 파도처럼 끊임없이 솟구쳤다. 폐허 사이를 가로

질러 쉬지 않고 거세게 불어오면서 돌과 흙으로 만든 원형 경기장을 휘감아 돌고 얽은 바위 더미 사이를 유영했다. 기둥 하나하나를 제 숨결로 감싸안으며 하늘을 향해 열린 광장에 끊임없이 울음소리를 퍼뜨렸다. 나는 마치 돛처럼 몸이 바람에 펄럭이는 것을 느꼈다. 몸 가운데가 움푹 들어가고 눈은 타는 듯했으며 입술은 갈라졌다. 피부는 점점 말라가서 내 것이 아닌 듯한 느낌이었다. 예전에는 나는 이 피부로 세상의 글을 읽어냈다. 여름의 숨결로 다시 따뜻하게 데우고 겨울 서리의 이빨로 물어뜯으며 세상의 다정함과 분노의 흔적이 피부에 새겨졌다. 그러나 바람이 오랫동안 몸을 할퀴었고 그 흔들림에 한 시간 정도 몸을 버티느라 정신이 아득해진 나는 몸의 윤곽조차 의식하지 못하게 되었다. 바닷물에 반들반들해진 조약돌처럼 나는 바람에 닦이고 닦여 영혼까지 닳아버렸다. 그 힘에 처음에는 조금, 나중에는 더 많이 융합되었고 결국 완전히 그 자체가 되어 혈관 속 박동과 자연 속 어디에나 존재하는 심장의 강렬한 박동을 구별할 수 없게 되었다. 바람은 나를 둘러싸고 있는 뜨거운 전라의 이미지를 따라 나를 빚어냈다. 그 덧없는 포옹으로 돌들 사이에서 하나의 돌이 된 나에게 여름 하늘 속에서 하나의 돌기둥이나 한 그루의 올리브나무의 고독을 안겨주었다.

햇빛과 바람의 거친 담금질 때문에 나는 완전히 힘이 빠져버렸다. 내 안에는 겨우 파닥거리는 날갯짓, 신음하는 생명, 정신의 미약한 반항만이 남아 있었다. 나는 곧 세상의 사방으로 흩어져 자신을 잊고, 잊힌 채 바람이 되었고, 그 바람 속에서 나는 저 기둥들과 저 아치, 저 뜨거운 포석들, 그리고 황폐한 도시를 둘러싼 창백한 산들이다. 나는 이처럼 자신과 분리된 동시에 세상에 존재하고 있음을 이토록 절실하게 느낀 적이 결코 없었다.

그렇다, 나는 현재에 존재한다. 그 순간 나를 강렬하게 사로잡은 것은 더 이상 멀리 나아갈 수 없다는 사실이다. 마치 종신형을 선고받은 사람처럼. 그 사람에게는 모든 것이 현재에만 존재한다. 동시에 내일은 여러 다른 날들과 다름없고 모든 날이 똑같으리라는 것을 아는 사람 같기도 하다. 인간에게 있어 현재에 있음을 인식한다는 것은 앞으로 기대할 것이 더 이상 없다는 뜻이기 때문이다. 영혼의 상태를 보여주는 풍경이 있다면 그런 풍경은 가장 천박한 것들일 것이다. 그래서 나는 이 고장을 따라 걸으며 내 것이 아니라 이곳의 것, 우리에게 공통된 죽음의 맛과 같은 무언가를 좇았다. 이제는 그림자가 비스듬하게 드리워진 기둥들 사이에서 다친 새들처럼 불안들이 공중에 녹아 있었다. 그리고 삭막한 명료함이 그 자리를 채웠다. 불안은 산 자들의 가슴에서 태어난다. 하지만 평온은 살아 있는 심장을 다시 덮칠 것이다. 이것이 내가 가진 통찰의 전부다. 하루가 저물면서 소음과 빛이 하늘에서 내려앉은 재에 묻혀 숨을 죽임에 따라 자신에게 버림받은 채, 나는 내 안에서 '아니다'라고 말하는 느슨한 힘에 맞서면서 무방비 상태가 되는 것을 느꼈다.

소수만이 거절과 포기에는 아무런 공통점이 없음을 안다. 그런데 여기서 미래, 더 나은 삶, 상황이라는 말들이 무슨 의미가 있을까? 마음의 진보에 무슨 의미가 있을 수 있는 것일까? 내가 세상에서 '훗날에'라는 말을 완강히 거부하는 이유는 지금 누리고 있는 풍요를 포기하지 않기 위해서다. 죽음이 다른 삶을 열어준다고 믿는 것은 그리 달갑지 않다. 나에게 죽음은 그저 닫힌 문에 지나지 않는다. 그것은 뛰어넘어야 하는 단계가 아니라 끔찍하고 지저분한 모험이라고 말하고 싶다. 사람들이 내게 제안하는 것이라고는 전부 인간이 지닌 삶의 무게를 덜어주겠다는 말뿐이다. 제밀라의 하늘 속에서 묵직하게 날아오르는 거대한 새들을 보면서 내가 바라고 또한 얻으려는 것은 바로 삶의 어떤 무게다. 그 수동적인 열정 속에서 온전히 존재하는 것 외에 나머지는 더 이상 내 소관이 아니다. 죽음에 대해 말하기에 내 안은 너무도 많은 젊음으로 가득하다. 그래도 말해야 한다면 공포와 침묵 사이에서 희망 없는 죽음에 대한 명확한 확신을 표현할 수 있는 정확한 말을 바로 이곳에서는 찾을 수 있을 것만 같다.

사람은 몇 가지 익숙한 생각들을 가지고 산다. 두세 가지쯤. 우리는 우연히 마주친 세상과 사람들을 통해 그 생각들을 갈고 닦으며 바꾼다. 자신 안에 어떤 생각이 확고히 자리 잡고 제대로 말할 수 있으려면 10년은 걸린다. 절로 의기소침해지는 소리다.

하지만 인간은 그러면서 세상의 아름다운 얼굴에 익숙해진다. 그전까지는 세상을 정면에서 보고 있었다면 이제는 한 걸음 옆으로 비켜서서 그 옆모습을 바라봐야 한다. 젊은이는 세상을 정면으로 바라본다. 죽음이나 허무의 공포를 씹어 삼켜본 적은 있지만 그 개념들을 다듬을 시간은 아직 없었다. 아마도 이런 것이 젊음일 것이다. 죽음과의 힘겨운 대면, 태양을 사랑하는 동물이 느끼는 육체적 공포가 바로 그것일지도 모른다. 적어도 이런 면에서 사람들이 하는 말과는 달리 젊음은 환상을 품고 있지 않다. 그럴 시간도 경건함도 주어지지 않았기 때문이다. 이유는 알 수 없지만 깊이 팬 이 풍경 앞에서, 침울하고도 장엄한 돌들의 비명 앞에서, 해가 지면 비인간적인 모습을 띠는 제밀라에서, 희망과 색채의 죽음 앞에서, 삶의 끝에 가서 인간이라는 이름에 걸맞은 인간들이 다시 대면 상태로 돌아가서 그간 가졌던 몇 가지 신념을 부정하고 그들의 운명 앞에서 고대인들의 눈에서 빛나는 순수와 진실을 되찾아야 마땅한 것이다. 그런 사람들은 젊음을 되찾지만 그것은 죽음을 끌어안아야만 되찾을 수 있다. 이런 면에서 질병만큼 경멸스러운 것도 없다. 병은 죽음에 대한 치료제다. 죽음에 대비하게 한다. 죽음에 대한 수련으로 질병은 먼저 자신에 대한 연민을 가르친다. 인간은 언젠가 죽기 마련이라는 불변에서 사력을 다해 도피하려는 인간을 도와준다. 하지만 제밀라는… 그리고 인간이 때때로 애착을 갖는 유일한 문명의 진보란 의식하는 죽음을 창조하는 것임을 나는 비로소 깨닫는다.

놀라운 것은 우리는 항상 다른 주제들에 대해서는 기꺼이 세련된 의견이 분분하면서도 죽음에 대한 생각은 너무도 빈약하다는 것이다. 죽음이 좋다거나 나쁘다는 식이다. 나는 죽음을 두려워하거나 반대로 (그들이 하는 말마따나) 죽음을 부른다. 그러나 그것은 단순한 것들이야말로 우리의 이해 밖에 있는 것임을 증명한다. 파란색이란 무엇이고 파란색을 어떻게 생각하는가? 죽음 앞에서도 우리는 똑같은 난관에 부딪힌다. 우리는 죽음과 색채에 대해 논할 줄을 모른다. 그러나 흙처럼 무거운 몸으로 내 앞에서 내 미래를 예고하는 이 사내는 중요한 존재다. 하지만 나는 그에 대해 진심으로 생각할 수 있을까? 나는 반드시 죽게 된다고 생각하지만 죽음을 도저히 믿을 수 없고 다른 사람의 죽음만 경험했기 때문에 아무런 의미도 없는 말이다. 나는 사람들이 죽는 것을 봐왔다. 특히 개들이 죽는 것을 보았다. 죽은 개들을 만졌을 때 혼비백산했다. 그때 나는 문득 꽃, 미소, 여자에 대한 욕망을 생각했다. 그리고 죽음에 대한 나의 모든 공포가 바로 삶에 대한 질투에서 비롯되었음을 깨닫는다. 나는 앞으로 살아갈 사람들에게 질투가 난다. 그 사람들에게는 꽃과 여자에 대한 욕망이 살과 피로 이루어진 온전한 의미를 지닐 터이기 때문이다. 나는 삶을 너무도 사랑해서 이기적일 수밖에 없기에 그들을 시기한다. 영원 따위가 내게 무슨 상관일까. 우리는 어느 날 이곳에 누운 채 이런 말을 듣게 될 수도 있다. "당신은 강한 사람입니다. 그러니 솔직하게 말씀드리겠습니다. 당신은 언젠가 죽을 것입니다." 손안에 온 생명을 움켜쥐고 온 공포를 뱃속에 담은 채 바보 같은 눈빛으로 여기에 있을 것이다. 그 외 다른 것들이 무슨 의미가 있을까? 내 관자놀이에서 혈관이 요동치자 나는 내 주변의 모든 것을 으깨버릴 것만 같다.

하지만 인간은 원하지 않아도, 무대 장치가 있음에도 죽는다. 그들은 "네가 다 나으면…"이라고 말하지만 결국 죽고 만다. 나는 그런 것은 원하지 않는다. 자연이 거짓말을 하는 날들도 있고 진실을 말하는 날들도 있기 때문이다. 오늘 밤 제밀라는 진실을 말하고 있다. 얼마나 슬프면서도 끈질기고 아름답게 말하는지! 이 세상 앞에서 나는 거짓말을 하고 싶지도 않고 듣고 싶지도 않다. 끝까지 깨어 있고 싶고 내 질투와 공포가 넘치는 채로 나의 마지막을 바라보리라. 세상과 멀어질수록, 살아가는 사람들의 운명에 집착할수록 나는 무궁무진한 하늘을 바라보는 대신 죽음의 공포를 느낀다. 따라서 의식적인 죽음을 창조함으로써 우리와 세상의 거리를 좁히고 영원히 잃어버린 세상에 대한 화려한 이미지들을 의식한 채로 기쁨 없이 완성으로 들어서게 된다. 그리하여 제밀라의 언덕들이 부르는 구슬픈 노래는 쓰디쓴 교훈을 영혼 깊은 곳에 박아 넣었다.

저녁이 되면서 우리는 마을로 이어지는 언덕을 올랐다. 왔던 길을 되돌아오면서 우리는 이런 설명을 들었다. "이곳은 이교도들의 도시입니다. 외따로이 있는 저 구역이 바로 기독교인들의 구역입니다. 나중에는…" 그렇다, 그것은 사실이다. 여러 사람과 여러 사회가 그곳을 번갈아 거쳐 갔다. 정복자들은 이 고장에 군대식 문명의 흔적을 남겼다. 그들이 생각하는 위대함은 저급하고 우스꽝스러웠고 정복한 땅의 면적을 계산하며 자신들의 제국이 얼마나 위대한지를 가늠했다. 경이롭게도 그들이 세운 문명의 폐허가 그들의 이상조차 부정한다. 저물어가는 밤에 개선문 주변에서 비둘기들이 하얀 날갯짓하며 날아오를 때 높은 곳에서 내려다본 이 앙상한 도시는 정복과 야망의 흔적을 하늘에 새기지 못했음이 드러나기 때문이다. 세상은 언제나 결국 역사를 정복한다. 산맥 사이로 제밀라가 던진 돌들이 내는 크나큰 비명, 하늘, 그리고 침묵에서 나온 시를 나는 알고 있다. 바로 명료함, 초연함, 실망과 아름다움의 진정한 징표들. 우리가 이미 떠나온 그 장엄함 앞에서 가슴이 조여온다. 비가 내릴 듯한 하늘, 고원 저편에서 들려오는 새의 노랫소리, 산비탈에서 갑자기 짤막하게 들려오는 염소들의 움직임, 온화하게 울려 퍼지는 땅거미 속에서 제단에 새겨진 뿔이 달린 신의 생생한 얼굴과 함께 제밀라는 우리를 앞세우고 남아 있다.

알제의 여름

자크 외르공*에게

종종 비밀스러운 사랑이 있다. 그것은 도시와 나누는 사랑이다. 파리, 프라하, 심지어 피렌체 같은 도시들은 제 안으로 움츠러들어 자기만의 특성으로 경계를 둔다. 바다에 인접한 도시들처럼 특혜를 받은 몇몇 도시와 더불어 알제는 입과 생채기처럼 하늘로 열려 있다. 우리가 알제에서 좋아할 만한 것은 누구나 삶에서 누린다. 가령, 모든 거리에서 모퉁이를 돌기만 하면 마주치는 바다, 적당히 내리쬐는 태양, 이곳 사람들의 아름다움. 그래서 언제나 그렇듯, 염치없이 받은 선물에는 더욱 비밀스러운 향기가 나기 마련이다. 파리에서는 드넓은 공간과 날갯짓이 그리울 수 있다. 이곳 알제에서는 적어도 인간은 충만하고 자신의 욕망을 보장받아서 자신이 누리고 있는 그 풍요를 가늠할 수

---

* 프랑스의 라틴어 문헌학자로 카뮈와 지적 교류와 우정을 나누었다 - 역주

있다.

 자연의 풍요가 지나치게 많으면 얼마나 사람을 메마르게 할 수 있는지를 알려면 알제에서 오래 살아봐야 한다. 무언가를 배우고 싶거나 독학하거나 발전하고자 하는 사람들을 위한 것이 이곳에는 없다. 이 고장에는 가르침이랄 것이 없다. 무엇을 약속하거나 암시하지도 않는다. 그저 내주기만, 아낌없이 내주기만 하면서 흡족해한다. 모든 것이 눈앞에 펼쳐져서 그것을 누리는 순간 곧바로 그것을 알게 된다. 그 즐거움에는 치료법이 없고 그 기쁨에는 희망이 없다. 이곳이 원하는 것은 냉철한 영혼, 즉 위안을 모르는 영혼이다. 알제는 신념에 따라 행동하듯 냉철하게 행동하기를 요구한다. 사람을 키우면서도 번영과 빈곤을 동시에 안겨주는 참으로 기이한 나라! 이 나라에서 태어난 감성적인 사람이 누리는 관능적인 풍요가 극도의 빈곤과 공존한다는 사실은 놀랄 일이 아니다. 쓴맛이 없는 진실은 없는 법이다. 그러니 내가 이 나라의 얼굴을 가장 사랑하게 되는 순간이 가장 가난한 사람들과 함께 있을 때라고 한들 어찌 놀라운 일이겠는가?
 이곳에서 사람들은 젊은 시절 내내 그들의 아름다움에 걸맞은 삶을 누린다. 그다음에는 내리막길과 망각이 기다리고 있다. 그들은 육체에 모든 것을 걸었지만, 곧 잃게 될 것을 안다. 알제에서 젊고 활기찬 사람들에게는 모든 것이 승리의 도움과 구실이 된다. 해안, 태양, 바다를 향해 있는 테라스의 빨갛고 하얀 무늬들, 꽃들, 경기장들, 싱그러운 다리를 가진 소녀들 등이 그들을 위한 것이다. 하지만 젊음을 잃은 사람들에게는 딱히 마음 둘 곳도 우울함을 달랠 만한 곳도 없다. 다른 곳들, 가령 이탈리아의 테라스, 유럽의 수도원 또는 프로방스 골짜기의 그림과 같은 곳에서 사람은 세속을 떠나 천천히 자신에게서 해방될 수 있다. 그러나 이곳에서는 모든 것이 고독과 젊은 피를 원한다. 괴테는 죽어가면서 빛을 원했고 그 말은 역사에 남았다. 벨쿠르나 바벨우에드에서는 노인들이 카페 구석에 앉아 머리카락을 딱 붙여 빗어 넘긴 젊은이들이 떠드는 허풍에 귀를 기울인다.

알제에서 이런 시작과 끝을 우리에게 알려주는 것이 바로 여름이다. 도시는 몇 달 동안 텅 비어버리지만 가난한 사람들과 하늘은 남아 있다. 가난한 사람들과 함께 우리는 항구로 내려가 인간의 보물인 따뜻한 물과 여자들의 그을린 육체와 마주한다. 이 풍요를 한껏 즐긴 이들은 저녁이 되면 자기 인생의 무대인 방수 식탁보와 석유등을 다시 마주한다.

알제에서는 '수영한다'라고 하지 않고 '수영을 때린다'라고 한다. 더 이상 따지지는 말자. 사람들은 항구에서 수영하다가 부표에 올라가 쉬곤 한다. 예쁜 여자가 이미 올라가 쉬고 있는 부표를 지나갈 때면 친구들에게 이렇게 외친다. "내가 갈매기라고 했잖아." 이것은 건강한 즐거움이다. 이 즐거움이 젊은이들의 이

상임은 틀림없다. 젊은이들은 대부분 겨울에도 이렇게 지내는데 매일 정오가 되면 옷을 벗고 햇볕을 쬐며 간단한 점심을 먹기 때문이다. 이는 젊은이들이 육체의 신교도인 나체주의자들의 (정신 이론만큼 거슬리는 육체 이론도 있는) 지루한 설교를 읽었기 때문은 아니다. 그저 '햇볕 쬐기를 즐기고' 있는 것이다. 우리 시대에는 이런 습관을 좋게 평가할 리 없다. 2000년 이래 처음으로 인간의 나체가 해변에 나타났다. 20세기 동안 인간은 그리스의 오만불손과 천진난만을 단속하려고 했고 육체를 감추고 의복을 복잡하게 만들려고 애썼다. 오늘날 이런 역사를 뛰어넘어 젊은이들이 지중해 해변에서 달리는 모습은 델로스섬 운동선수들의 찬란한 몸짓으로 이어진다. 이렇게 육체 가까이에서, 그리고 육체를 통해 살아가다 보면 육체도 저마다 미묘한 차이와 제 삶이 있으며 어처구니없게도 감히 고유한 심리학을 가지고 있음을 깨닫게 된다.* 정신의 진화처럼 육체의 진화도 역사와 반복, 발전,

---

* 앙드레 지드가 육체를 찬양하는 방식을 좋아하지 않는다고 말하면 우스운 소리일까? 그는 욕구를 억제함으로써 욕구를 더욱 강렬하게 만들라고 한다. 사창가에서 쓰는 비속어로 말하자면 '까탈스럽다'라거나 또는 '지식인 나부랭이들'이라고 불리는 사람들과 다를 바 없다. 기독교 역시 욕구를 억제하라고 하지만 금욕을 더욱 자연스럽게 여긴다. 술통 제조공이자 청소년 평영 챔피언인 내 친구 뱅상의 생각은 이보다 더 명료하다. 그는 목이 마르면 물을 마시고 여자 생각이 나면 같이 잘 여자를 찾고 사랑하게 되면 (아직 그런 일은 없지만) 결혼할 것이라고 한다. 그는 항상 욕구를 해소하고 나면 이렇게 말한다. "이제 훨씬 낫네." 이 말은 포만감에 대한 찬사를 충실히 요약한 표현이다.

결핍을 안고 있다. 미묘한 차이는 바로 색깔이다. 여름에 항구로 해수욕하러 갈 때면 온통 하얗던 피부가 황금색으로, 나중에는 갈색으로, 그리고 마침내 몸이 변할 수 있는 한계점에 이르러 담배 색이 된다. 카스바의 하얀 입방체 건물들이 항구를 점령하고 있는데 바닷가에서 보면 아랍 도시의 눈부신 순백색 건물을 배경으로 육체들이 구릿빛 장식 띠처럼 펼쳐져 있다. 8월이 한창이고 태양이 강렬해질수록 순백색 건물들은 더욱 눈이 부시고 사람들의 피부는 더욱 짙은 온기를 머금는다. 그러니 태양과 계절에 맞춰 돌과 살의 대화에 어찌 동화되지 않을 수 있을까? 오전 내내 물속에 풍덩 뛰어들고 솟구치는 물기둥 속에서 웃음꽃을 피운다. 붉고 검은 화물선(노르웨이에서 온 배는 목재 냄새가 가득하고 독일에서 온 배는 기름 냄새가 진동한다. 해안을 따라 운행하는 배들은 와인과 해묵은 술통 냄새를 풍긴다) 주변까지 길게 노를 젓는다. 태양이 하늘에서 사방으로 넘쳐흐르는 시간에 그을린 육체들을 실은 오렌지색 카누가 전력 질주하며 우리를 데려다 놓는다. 과일 색 날개가 달린 두 개의 노가 박자를 잘 맞추다가 갑자기 멈춰 서는가 싶더니 정박지의 고요한 물 위로 길게 미끄러진다. 그 순간 잔잔한 물을 지나 내가 신들의 갈색 화물을 실어 나르고 있고, 알고 보니 그 화물이 내 형제들이었다는 사실을 어떻게 의심하겠는가?

그런데 도시의 반대편 끝에서 여름은 또 다른 풍요를 우리에게 대조적으로 들이민다. 바로 침묵과 권태다. 침묵은 어둠에서 태어났느냐 태양에서 태어났느냐에 따라 그 성질이 다르다. 시청 앞 광장에는 정오의 침묵이 있다. 광장을 둘러싸고 있는 나무 그늘에서 몇몇 아랍인들은 오렌지꽃 향기가 나는 차가운 레모네이드를 5수에 팔고 있다. 호객하는 소리. "차가운 레모네이드 있어요, 시원해요." 하고 외치는 소리가 텅 빈 광장을 가로지른다. 외침 뒤에는 침묵이 태양 아래로 다시 내려앉는다. 상인의 항아리 안에는 얼음이 이리저리 흔들리는 희미한 소리까지 들린다. 다음으로 낮잠 시간의 침묵이 있다. 마린 거리에 있는 너저분한 이발소 앞에 서면 속이 빈 갈대로 만든 가리개 뒤로 파리들의 윙윙거리는 선율에서 침묵을 느낄 수 있다. 카스바의 무어인 카페에서는 몸에 깃든 침묵이 있다. 몸은 그곳에서 나올 수 없고 찻잔을 놓지도 못한 채, 제 맥박 소리에 파묻혀 시간을 되찾지 못한다. 하지만 무엇보다 여름밤의 침묵이 있다.

  낮이 밤으로 넘어가는 그 찰나는 얼마나 많은 신호와 은밀한 부름으로 가득 차 있기에 알제가 내 안에서 그 순간들과 이토록 깊이 연결되는 것일까? 잠시 내가 이곳을 떠나 있을 때면 이곳의 석양을 행복의 약속인 양 떠올린다. 도시를 내려다보는 언덕들 위에는 유향나무와 올리브나무 사이로 길이 나 있다. 그 순간 내 마음은 이 나무들로 향한다. 나는 거기서 녹색 지평선 너머로 검은 새 떼가 날아오르는 모습을 그려본다. 하늘에서 돌연 태양이 사라지고 무언가가 느슨해진다. 붉은 구름 덩어리가 기지개를 켜다가 공기 중에 사라진다. 곧이어 첫 번째 별이 모습을 드러내고 두꺼운 하늘에서 형태를 갖추면서 선명해지는 것이 보인다. 그리고 모든 것을 순식간에 삼켜버리는 밤이 찾아온다. 알제의 덧없는 밤은 어찌 그리 비할 데 없기에 그토록 많은 것을 내 안에 풀어놓는 것일까? 저녁들이 내 입술에 남긴 이 감미로움은 밤이 되면 지겨울 틈도 없이 어느덧 사라져 버린다. 그것이 내게 끈질기게 남아 있는 비결일까? 이 나라의 다정함은 마음을 뒤흔들면서도 덧없다. 하지만 그런 순간만큼은 마음을 온전히 내맡긴다. 파도바니 해변에서는 매일 같이 댄스홀이 열린다. 큼지막한 직사각형의 댄스홀은 바다를 따라 길게 열려 있고 안에서는 가난한 동네 청년들이 저녁까지 춤을 춘다. 거기서 나는 종종 특별한 순간을 기다렸다. 낮에 홀은 기울어진 나무 차양의 보호를 받다가 해가 지면 차양을 걷곤 했다. 그러면 댄스홀은 하늘과 바다라는 껍질로 겹겹이 싸여 기이한 초록빛으로 가득 찬다. 창문에서 멀리 떨어져 앉으면 하늘만이 보이고 춤추는 사람들의 얼굴이 그림자극처럼 차례로 지나간다. 때때로 왈츠가 연주되면 초록색 배경 속에서 검은 윤곽들이 전축의 회전판에 고정된 실루엣처럼 집요하게 빙글빙글 돌아간다. 이어서 밤이 재빨리 찾아오고 밤과 함께 조명이 켜진다. 그 미묘한 순간에 내가 느낀 도취와 신비가 무엇인지 표현할 길이 없다. 오후 내내 춤을 추던 키가

크고 아름다운 여자가 기억난다. 그녀는 몸에 딱 달라붙는 파란색 원피스에 재스민 꽃목걸이를 걸고 있었고 허리부터 다리까지 땀에 젖어 있었다. 그녀는 춤을 추고 웃어대면서 고개를 뒤로 젖히기도 했다. 테이블 옆을 지나갈 때면 꽃과 살냄새가 섞인 향기를 남겼다. 저녁이 되자 춤추는 파트너에게 밀착되어 그녀의 모습은 더 이상 보이지 않았지만 하늘을 배경으로 하얀 재스민 꽃과 검은 머리카락이 번갈아 회전하는 모습이 보였다. 그녀가 볼록한 목을 뒤로 젖혔을 때 웃는 소리가 들렸고 갑자기 고개를 숙이는 파트너의 옆모습이 보였다. 내가 생각하는 순수란 바로 이런 저녁에서 비롯된 것들이다. 격정에 휩싸인 이 존재들을 우리의 욕망이 회전하는 하늘과 더 이상 분리할 수 없음을 배운다.

알제에 있는 동네 영화관에서는 가끔 박하사탕을 판다. 박하사탕에는 사랑이 싹트는 데 필요한 모든 것이 빨간색 글씨로 쓰여 있다. 1) 질문들 : "언제 저와 결혼할 건가요?" "나를 사랑하나요?" 2) 대답들 : "열렬히." "봄이 오면." 분위기를 만들고 옆 사람에게 사탕을 건네면 똑같이 대답하거나 뜬금없다는 표정만 지어 보일 수도 있다. 벨쿠르에서는 이렇게 결혼이 성사되기도 한다. 인생 전체가 사소한 사탕 교환으로 결정되는 것이다. 이는 이 나라 사람들이 순수하다는 것을 잘 보여준다.

아마도 쉽게 행복을 누리는 그 엄청난 자질이 젊음의 징표일 것이다. 무엇보다도 탕진에 가깝게 삶을 성급히 살아가려는 태도다. 벨쿠르에서는 바벨우에드에서처럼 젊은 나이에 결혼한다. 일찍부터 돈을 벌기 시작하고 삶에서 얻을 수 있는 경험을 10년 만에 모조리 해치워버린다. 서른 살의 노동자라면 이미 자신이 가진 패를 모두 소진한 셈이다. 그러고는 아내와 아이들과 함께 인생의 끝을 기다린다. 그의 행복은 급작스럽고 가차 없었다. 삶도 마찬가지였다. 그제야 그는 모든 것을 내주었다가 모조리 걷어가는 이 나라에서 태어났음을 깨닫는다. 이러한 풍요와 과잉 속에서 삶은 갑작스럽고 까다로우며 너그러운 열정의 곡선을 그린다. 이곳에서는 삶이란 만들어가는 것이 아니라 불태우는 것이다. 그래서 심사숙고하거나 발전하려는 것은 하등 중요하지 않다. 가령, 지옥이라는 개념은 이곳에서 그저 사람들이 즐기는 농담일 뿐이다. 그런 상상은 도덕군자들에게나 허용된다. 그래서 나는 알제리 전역에서 미덕이란 의미 없는 말임을 잘 알고 있다. 그렇다고 이 사람들에게 원칙이 없는 것은 아니다. 그들만의 도덕관이 있는데 꽤 독특한 도덕관이다. 어머니에게 '버릇없이 굴지' 않는다. 밖에서는 아내를 존중한다. 임산부를 배려한다. 둘이서 한 사람을 공격하지 않는다. 그것은 '비겁한 짓'이기 때문이다. 기본적인 계율을 지키지 않는 사람들에게는 '사람도 아니다'라고 하고, 그것으로 끝이다. 이 계율은 정당하고 강경해 보인다. 내가 알기로는 유일하게 사심 없는 이 거리의 법칙을 여전히 지키는 사람이 많다. 그런데 동시에 상인의 도덕은 찾아볼 수 없다. 나는 경찰에게 연행되는 사람을 보면서 안타까운 듯한 표정을 짓는 사람들을 주변에서 심심치 않게 봐왔다. 그가 도둑인지, 혹은 부모를 죽였는지, 또는 단순히 반항적인 사람인지도 모르면서 사람들은 "딱하게 됐네."라고 탄식하거나 어렴풋하게 경탄을 담아 "저 사람은 해적이야."라고 말하기도 한다.

어떤 민족은 자긍심과 삶을 위해 태어난다. 이들은 권태에 대처하는 더없이 특이한 자질을 가지고 있다. 또한 죽음을 가장 불쾌하게 여긴다. 감각적인 즐거움을 제외하면 이 사람들이 즐기는 오락은 하찮은 수준이다. 서른 살이 넘은 사람들에게 쇠공 던지기 모임이나 '친목' 회식, 3프랑짜리 영화, 지역 축제는 수년째 충분한 오락거리가 되고 있다. 알제에서 일요일은 가장 음울한 날이다. 사유 없이 살아가는 이들이 삶의 뿌리 깊은 공포를 신화로 덮는 방법을 어찌 알겠는가? 죽음과 관련 있는 모든 것이 이곳에서는 우스꽝스럽거나 불쾌하다. 종교도 우상도 없는 이들은 군중 속에서 살다가 홀로 죽는다. 나는 세상에서 가장 아름다운 풍경을 마주하고 있건만 브뤼 대로의 묘지보다 더 끔찍한 곳을 본 적이 없다. 시커먼 주변 장식들 사이에 불쾌한 냄새가 켜켜이 쌓여 있어서 죽음이 민낯을 드러내며 끔찍한 슬픔을 불러일으킨다. 심장 모형의 묘비석이 말한다. "모든 것은 지나가고 기억만 남는다." 그런데 이 모든 것이 우리를 사랑했던 이들이 우리에게 헐값에 가져다주는 덧없는 그 영원성을 강조하고 있다. 엇비슷한 문장들이 온갖 절망에 적용된다. 그 문장들은 망자에게 이인칭으로 말을 건넨다. "우리는 너를 기억하고 잊지 않을 거야." 기껏해야 검은 액체에 지나지 않는 것에 육체와 욕망을 부여하려는 음침한 속임수다. 과할 정도로 꽃과 새들이 새겨진 다른 대리석에는 이런 무모한 맹세가 새겨져 있다. "너의 무덤에 꽃이 떨어지는 날은 결코 없으리라." 하지만 곧 안심하게 된다. 이 묘비명은 금박을 입힌 석고로 만든 꽃다발에 둘러싸여 있는데 그편이 살아 있는 사람들에게는 훨씬 경제적이기 때문이다(이 불멸의 존재들이 요란한 그 이름을 갖게 된 것은 아직 살아서 전차를 타고 다니는 사람들 덕분인 것처럼). 시대에 발맞춰야 하므로 때로는 전통적인 꾀꼬리 장식 대신 놀랍게도 구슬로 만든 비행기로 대체하기도 한다. 그 안에서 미련한 천사가 비행기를 조종하고 있는데 이치에 맞지도 않게 멋진 날개 한 쌍까지 달아놓았다.

 그런데 죽음에 대한 이런 이미지가 삶과 결코 분리될 수 없음을 어떻게 설명할 수 있을까? 이곳에서는 여러 가치관이 밀접하게 연결되어 있다. 알제의 장의사들이 가장 좋아하는 농담이 있다. 그들은 텅 빈 영구차를 몰고 가면서 길에서 마주치는 예쁜 여자들에게 "이봐 예쁜이, 여기 태워줄까?"라며 말을 건다. 불쾌한 농담이긴 해도 하나의 상징으로 보지 않을 이유가 없다. 누군가의 부고 소식에 왼쪽 눈을 찡긋거리며 "불쌍한 사람, 이제 노래는 못 부르겠군."이라고 말하는 것은 불경해 보일 수 있다. 또는 "신이 내게 그를 주셨다가 되찾아가셨다네."라며 남편을 결코 사랑한 적 없는 이 오랑 여자도 마찬가지다. 그래서 이래저래 생각해 보면 나는 죽음이 왜 신성한 것인지 이해할 수 없고 오히려 죽음에서 두려움과 경의 사이의 간극만을 분명하게 느낀다. 삶을 독려하는 나라에서도 죽음의 공포가 만연하게 숨 쉬고 있다. 그런데도 바로 이 묘지의 벽 아래서 벨쿠르의 젊은이들은 만날 약속을 정하고 여자들은 입맞춤과 애무에 몸을 맡긴다.

이런 민족을 모든 사람이 납득할 수는 없다고들 한다. 이탈리아처럼 이곳에는 지성이 낄 자리가 없다. 이 민족은 정신에는 관심이 없고 육체를 숭배하고 찬양한다. 육체에서 자신의 힘, 순진한 냉소,* 그리고 엄격하게 평가받아 마땅한 유치한 허영심을 얻는다. 사람들은 보통 이들의 '사고방식', 요컨대 세상을 바라보고 살아가는 방식을 비난한다. 사실 어느 정도 밀도 높은 삶에는 불의가 수반되기 마련이다. 그런데 여기 과거도 전통도 없는 한 민족이 있다. 시詩가 없는 것은 아니지만 내가 알고 있는 그들의 시는 다정하기는커녕 그들의 부드러운 하늘과도 거

* 46p의 〈노트〉 참조

리가 멀고 거칠며 육감적이다. 그 시만이 진실로 나를 감동하게 하고 집중하게 한다. 문명화된 민족의 반대는 창의적인 민족이다. 해변에서 늘어져 있는 이 미개한 민족을 보면서 나는 헛되이 희망을 품어본다. 인간의 위대함으로 제 민낯을 찾을 수 있는, 어떤 문화의 얼굴을 빚어가고 있기를. 이 민족은 모두 현재에 내던져져 신화나 위안 없이 살아가고 있다. 자기의 모든 재산을 이 땅에 두고 그때부터 죽음에 무방비 상태로 살아간다. 그들에게는 아름다운 육체라는 수혜가 넘치도록 주어졌다. 이와 더불어 미래가 없는 풍요에 동반되는 특이한 탐욕이 있다. 여기서 행해지는 모든 것에는 안정에 대해 반감과 미래를 걱정하지 않는 무사태평한 태도가 두드러진다. 우리는 서둘러 삶을 살아간다. 혹여 여기서 어떤 예술이 탄생한다면 그것은 지속성에 대한 증오가 작동한 것이리라. 마치 도리아인들이 그런 증오 때문에 첫 번째 기둥을 나무로 깎아 만들었던 것처럼. 그렇기는 하지만 이 민족의 폭력적이고 악착스러운 민낯에서, 다정함이 사라진 여름 하늘에서 절제와 동시에 과잉을 발견할 수 있다. 그 하늘 앞에서는 어떤 진실이든 말할 수 있고 어떤 기만적인 신도 희망이나 구원의 표식을 남기지 않았다. 하늘과 그 하늘을 향해 고개를 든 얼굴들 사이에는 신화나 문학, 윤리 또는 종교의 자리는 전혀 없고 오직 돌, 살결, 별들, 그리고 손으로 만질 수 있는 진실들이 있다.

땅과 맺은 유대감과 몇몇 사람들에게 사랑을 느끼는 것, 언제나 마음이 하나가 되는 장소가 있음을 아는 것, 그것만으로도 이미 한 인간의 삶에 필요한 확신은 넉넉하다. 물론 이것만으로는 충분하지 않을 수 있다. 그러나 어떤 순간에는 모두가 이 영혼의 고향을 열망한다. "그래, 우리가 돌아가야 할 곳은 바로 저기야." 플로티노스(그리스 후기 철학자 - 역주)가 바랐던 일체감을 이 땅에서 찾으려는 것이 어찌 이상한 일이겠는가? 여기서 하나가 됨은 태양과 바다의 언어로 표현된다. 일체감은 쓴맛과 위대함으로 이루어진 살의 맛을 통해 마음에 와닿는다. 나는 초인적인 행복이란 없으며 하루의 흐름을 벗어난 영원 또한 없다는 것을 깨닫는다. 이런 하찮고도 본질적인 재물과 이 상대적인 진실들만이 내 마음을 울린다. 그 외 다른 것들, 그러니까 '이상적인 것들'을 품을 자리가 마음에 없다. 바보처럼 살아야 한다는 말이 아니다. 다만 천사들의 행복에서 아무런 의미를 발견하지 못할 뿐이다. 내가 아는 것은 단지 이 하늘이 나보다 오래간다는 사실뿐이다. 그러니 내가 죽은 후에도 지속되는 것이 아니라면 어찌 영원이라고 부르겠는가? 내가 여기서 말하려는 것은 피조물이 자신의 조건 안에서 느끼는 만족이 아니다. 그것은 전혀 다른 이야기다. 한 인간이 되는 것은 늘 쉽지 않고 순수한 인간으로 존재하기란 더더욱 어렵다. 그런데 순수하다는 것은 세계와 맺은 혈연관계를 느끼고 피의 박동이 오후 두 시의 힘찬 태양의 박동과 하나가 되는 영혼의 고향을 되찾는 것이다. 고향은 언제나 그것을 잃는 순간에야 비로소 깨닫게 되는 법이다. 자기 자신 때문에 지나치게 고통받는 이들에게 고향은 그들을 부정하는 곳이다. 노골적이라거나 지나치다고 여기지 않았으면 한다. 결국, 이 삶에서 나를 부정하는 것은 나를 죽이는 것과 같다. 삶을 고양시키는 모든 것은 동시에 삶에 대한 부조리를 키운다. 알제리에서 여름을 보내면서 내가 배운 한 가지는 고통보다 더욱 부조리한 것은 행복한 인간의 삶이라는 것뿐이다. 그런데 이것은 더욱 위대한 삶으로 가는 여정일 수도 있다. 그것은 속이지 않는 삶으로 이끌기 때문이다.

　실제로 많은 사람이 사랑 그 자체를 회피하기 위해 삶을 사랑하는 척한다. 사람들은 삶을 즐기고 경험하려고 하지만 이것은 정신의 관점일 뿐이다. 쾌락주의자가 되려면 보기 드문 자질이 필요하다. 인간의 삶은 정신의 도움 없이 후퇴와 전진을 반복하면서 고독과 실존을 동반하여 완성된다. 불평 없이 일하고 아내와 아이들을 부양하는 벨쿠르의 남자들을 본다면 사람들이 은연중에 부끄럽다고 느낄지도 모른다. 나는 분명 착각하는 것이 아니다. 내가 말하는 이곳의 삶들에는 사랑이 많지 않다. 아니, 더는 많지 않다고 말해야 할지도 모른다. 그러나 최소한 그 삶들은 아무것도 회피하지 않았다. 내가 전혀 이해하지 못하는 말들이 있는데 가령 '죄'와 같은 말이다. 그런데 이 사람들이 삶에 대해 죄를 짓지 않았음을 알 것 같다. 삶에 대해 죄를 저질렀다면 그것은 삶에 절망하는 것이기보다는 다른 삶을 희망하고 준엄한 삶의 위대함을 회피하는 것이기 때문이다. 이 사람들은 속이지 않았다. 스무 살, 여름의 신이었던 그들은 삶에 대한 열정으로 가득 차 있었고 모든 희망이 사라진 지금도 여전히 마찬가지다. 나는 두 사람의 죽음을 목격했다. 모두 괴로워했지만 침묵하고 있었다. 그러는 편이 더 나을 것이다. 그리스인들은 인간의 재앙이 득실거리는 판도라의 상자에서 다른 모든 것을 내보낸 후, 그중에서 가장 끔찍한 희망을 꺼내 들었다. 나는 이보다 더욱 감동적인 상징을 알지 못한다. 우리가 생각한 것과는 반대로 희망은 체념과 같기 때문이다. 그리고 산다는 것은 스스로 체념하지 않는 것이다.

    이것이야말로 알제리의 여름이 주는 가혹한 교훈이다. 이미 계절이 흔들리고 여름은 기울고 있다. 그토록 숱한 폭력과 긴장 끝에 해방된 대지에 며칠 동안 이 고장을 부드럽게 적시듯이 9월의 첫 비가 내린다. 같은 시기에 캐럽나무들이 알제리 전역에 사랑의 향기를 퍼뜨린다. 비가 그친 저녁, 쌉싸름한 아몬드 향이 나는 진액으로 배를 적신 대지가 여름 내내 태양에게 바쳤던 몸을 쉬고 있다. 그러나 이 향기는 다시금 인간과 대지의 결혼을 축복하고 이 세상에서 유일하게 씩씩한 사랑을 우리 안에서 일깨운다. 언젠간 사라지지만 관대한 사랑을.

노트

바벨우에드에서 들은 난투극 이야기를 한 자 한 자 옮겨 본다. (이야기를 들려준 사람은 늘 뮈제트(알제리 작가. 사회풍자물인 카가유 시리즈로 인기를 끌었다 - 역주) 작품에 등장하는 카가유처럼 말하지는 않는다. 놀랄 만한 일은 아니다. 카가유의 언어는 종종 문학적 언어, 즉 재구성된 언어이기 때문이다. '뒷골목' 사람들이라고 노상 은어를 쓰는 것은 아니다. 은어 같은 단어를 사용하는데 이는 전혀 다른 것이다. 알제 사람들은 특유의 단어와 특별한 통사 구조를 사용한다. 하지만 프랑스어가 합쳐지면서 참맛을 풍긴다.)

그러자 코코가 다가가 그 녀석한테 이러더군. "좀 그만해, 그만하라고." 그러자 상대가 받아쳤지. "왜 그러는데?" 그러자 코코가 대답하길 "내가 너 몇 대 쳐야겠다." "네가 날 친다고?" 그러면서 손을 뒤로 뺐는데 그건 허세였어. 그러자 코코가 말했어. "손을 뒤로 빼지 마. 그러다 내가 6.35 구경 총을 낚아챌 수 있어. 안 그래도 너는 몇 대 처맞겠지만."

상대는 손을 꼼짝도 하지 않았어. 그래서 코코는 딱 한 대를 쳤어. 두 대도 아니고 딱 한 대. 상대가 바닥에 쓰러졌지. "악, 악." 소리를 지르더라고. 그러자 사람들이 모여들었어. 싸움이 시작된 거지. 한 놈이 코코에게 덤볐고 그 뒤로 또 한 놈이, 그다음에 또 한 놈이 덤볐지. 그래서 내가 말했어. "야, 내 동생 건드릴 거야?" "누가 네 동생이야?" "동생은 아니지만 친동생이나 마찬가지야." 그래서 내가 한 방 먹였지. 코코도 때리고 나도 때리고 루시엥도 때리고. 나도 한 방 먹고, 박치기로도 맞고. 그러자 경찰들이 왔어. 우리한테 수갑까지 채우지 뭐야, 내 참. 수갑을 찬 채로 바벨우에드를 지나가는데 진짜 쪽팔렸어. 젠틀맨스 바 앞에 친구들이랑 여자애들이 있었거든. 낯짝이 다 화끈거리더구만. 나중에 루시엥 아빠가 우리한테 그러더라. "잘들 했다."

사막

———

장 그르니에*에게

살아가는 것은 확실히 표현하는 것과는 약간 반대되는 것이다. 토스카나의 위대한 거장에 따르면 그것은 세 번에 걸쳐 침묵과 불꽃, 정체 속에서 이를 증명하는 것이다.

피렌체나 피사의 거리에서 매일 마주치는 사람들의 얼굴이 이 거장들의 작품 속에 등장하는 인물들이라는 것을 깨닫기까지는 꽤 오랜 시간이 걸린다. 사실 우리는 주변 사람들의 진짜 얼굴을 이제는 볼 줄 모른다. 우리는 동시대를 살아가면서도 그들의 얼굴은 더 이상 보지 않고 그들에게서 우리에게 유용한 방향성이나 규칙을 찾는 것에만 급급하다. 우리는 사람의 얼굴보다는 가장 통속적인 시를 선호한다. 그런데 조토 디 본도네

---

* 프랑스 철학자이자 작가. 알제의 고등학교에서 철학 교사로 지낼 때 알베르 카뮈와 만났다. 알베르 카뮈는 그와 편지를 주고받으며 많은 영향을 받았다-역주

(이탈리아의 화가-역주)나 피에로 델라 프란체스카(이탈리아의 화가-역주)는 인간의 감성이란 보잘것없음을 이미 잘 간파하고 있었다. 사실 누구나 마음은 하나쯤 다 가지고 있다. 삶에 대한 사랑을 중심으로 돌아가는 단순하면서 영원한 위대한 감정들, 그러니까 증오, 사랑, 눈물, 그리고 기쁨이 인간 내면의 깊은 곳에서 자라나 그 운명의 얼굴을 형성한다. 조티노의 그림 속에서 죽은 그리스도를 품에 안은 마리아의 이를 악문 고통처럼. 토스카나 성당의 거대한 마에스타 제단화 속에서 나는 끊임없이 모방된 수많은 천사의 얼굴들을 본다. 저마다 말이 없고 열정적인 각각의 얼굴들에서 나는 고독을 감지한다.

이 그림들이 표현하고자 한 것은 생생한 묘사, 일화, 섬세한 표현, 그리고 감동에 관한 것이다. 그야말로 시詩인 것이다. 그러나 중요한 것은 진실이다. 나는 지속되는 모든 것을 진실로 여긴다. 이런 관점에서 화가들만이 우리의 허기를 달래줄 수 있다는 생각은 미묘한 교훈을 준다. 그들은 육체의 소설가가 되는 특혜를 누리기 때문이고 현재라고 부르는 훌륭하고 덧없는 방법으로 작업하기 때문이다. 그리고 현재는 항상 몸짓으로 표현된다. 그들은 미소나 순간적인 수줍음, 후회, 기대를 그린다기보다 뼈의 윤곽과 피가 흐르는 얼굴을 그린다. 불변의 윤곽선으로 고정된 얼굴들에서 희망이라는 대가를 치러 영혼의 저주를 언제나 몰아냈다. 육체는 희망을 모르기 때문이다. 육체는 피의 박동만을 알고 있다. 본질적인 영원은 무관심으로 이루어져 있다. 피에로 델라 프란체스카의 〈그리스도의 태형〉이 그 예시다. 그림을 보면 막 청소를 마친 안뜰에서 고문받는 그리스도나 육중한 사지를 가진 형리나 똑같은 초연함을 유지하고 있음을 알게 된다. 고통은 언젠가 끝나기 마련이기 때문이다. 그래서 그림의 교훈은 화폭 안에서 멈춘다. 내일을 기대하지 않는 사람이 이 그림을 보고 감동할 이유가 무엇이겠는가? 이 초연함과 희망 없는 인간의 그 위대함, 이 영원한 현재가 현명한 신학자들이 지옥이라 부르는 바로 그것이다. 다들 알고 있듯이 지옥은 고통받는 육체다. 토스카나 화가들은 육체에 주목할 뿐, 그 운명에는 관심이 없다. 예언적인 그림은 존재하지 않는다. 그래서 희망의 이유를 미술관에서는 찾을 수 없다.

영혼의 불멸은 사실 많은 훌륭한 지성들을 사로잡고 있다. 그것은 자신들에게 주어졌던 유일한 진실이 육체임에도 그 육체를 다 소진하기도 전에 거부하기 때문이다. 왜냐하면 육체가 문제를 제기하지 않고, 적어도 육체가 제시하는 유일한 해결책을 알고 있기 때문이다. 그것은 언젠가는 썩어 없어진다는 진실이다. 그렇기에 진실은 고통스럽고 숭고하므로 그들은 감히 진실을 마주할 용기가 없다. 그래서 훌륭한 지성들은 그보다는 시를 선호한다. 시는 영혼의 문제이기 때문이다. 내가 말장난하고 있다고 느낄 수 있다. 그러나 내가 높은 차원의 시만을 진실로 여기고 싶어 한다는 것은 이해할 수 있을 것이다. 찬란함과 빛을 통해 존재하지 않는 신에 대해 쉬지 않고 인간에게 이야기하고 있는 대지에 던져진 인간의 통찰력 있는 항의로서 치마부에부터 프란체스카에 이르기까지 이탈리아 화가들이 토스카나 풍경 속에서 추어올린 검은 불꽃이 바로 그런 시다.

  그림 속 얼굴들은 초연하고 무심한 나머지 풍경의 광물적 위대함에 도달한다. 스페인의 몇몇 농부들이 자기 땅에서 자라는 올리브나무를 닮아가는 것처럼, 조토의 그림 속 얼굴들도 영혼이 내보이는 덧없는 그림자들을 벗어내고 마침내 토스카나가 아낌없이 일러주는 유일한 교훈을 통해 토스카나 그 자체와 하나가 된다. 그 교훈이란 감정을 배제하면서 열정을 실천하는 것, 금욕과 쾌락을 뒤섞는 것, 땅과 인간 사이에서 울리는 공명, 다시 말해 비참과 사랑의 중간 어딘가에서 인간도 자연처럼 자신을 규정하는 울림이다. 마음 깊이 확신할 수 있는 진실들은 그리 많지 않다. 그런데 어느 저녁, 피렌체 시골의 포도나무와 올리브나무가 거대한 침묵의 슬픔 속에 잠기기 시작한 어느 저녁, 나는 그것이 명백한 사실임을 알았다. 그러나 이 고장에서 슬픔은 아름다움에 대한 주석에 지나지 않는다. 저녁을 길게 가로지르는 기차 안에서 나는 무언가가 내 안에서 풀리는 것을 느꼈다. 슬픈 얼굴을 하는 그것이 그런데도 행복이라 불리는 것임을 오늘 내가 부정할 수 있겠는가?

그렇다, 이탈리아는 그곳 사람들이 묘사한 교훈을 아낌없이 풍경으로 보여준다. 그러나 행복은 언제나 과분한 것이기에 놓치기 쉽다. 이탈리아에서도 이는 마찬가지다. 이탈리아의 우아함은 갑작스럽기는 하지만 즉각적으로 알아차리지는 못한다. 이탈리아가 다른 나라보다 나은 점은, 처음에 한꺼번에 겪은 경험을 깊이 탐구하도록 한다는 것이다. 이는 이탈리아가 무엇보다 진실을 꼭꼭 숨기기 위해서 시를 아낌없이 쏟아내기 때문이다. 이탈리아의 첫 번째 마법은 망각을 의식하는 것이다. 모나코의 협죽도들, 꽃과 생선 냄새가 가득한 제노바, 리구리아 해안의 푸른 저녁들처럼 말이다. 그런 다음 마침내 피사, 그곳과 함께 리비에라의 자유분방한 매력을 잃어버린 이탈리아. 그러나 이탈리아는 여전히 다가가기 쉬워서 잠시 관능적인 우아함에 몸을 맡겨보지 않을 이유가 없다. 내가 이곳에 머무는 동안 나는 아무런 제약도 받지 않아서 (할인된 기차표 덕분에 '내가 선택한' 도시에 잠깐 꼼짝없이 머물러야 해서 일정에 쫓겨 다니는 여행자의 기쁨을 누리지 못한 채) 피곤하고 배가 고픈 채로 피사에 도착한 첫날 밤에도 사랑하고 이해하려는 내 인내심은 바닥날 줄 모르는 듯했다. 역 앞 대로는 젊은이로 가득했고 그 속에서 열 개의 스피커가 내는 쩌렁쩌렁한 사랑 노래가 나를 맞이했다. 나는 내가 무엇을 기대하고 있는지 이미 알고 있었다. 생명의 약동 다음에 오는 특별한 순간일 것이다. 카페가 문을 닫고 정적이 갑자기 찾아오면 나는 짧고 어둑한 길을 지나 시내로 향할 것이다. 검은 금빛의 아르노 강, 노란색과 초록색의 기념물들, 텅 빈 도시, 밤 10시의 피사가 침묵과 물, 돌들로 이루어진 기이한 무대로 변해버리는, 그 갑작스럽고도 정교한 마법을 어떻게 묘사할 수 있을까? "이런 밤이었지, 제시카!"(윌리엄 셰익스피어의 작품 《베니스의 상인》에 나오는 구절-역주) 유일무이한 무대 위로 신들이 셰익스피어 연인들의 목소리를 빌려서 등장한다니… 꿈이 우리에게 다가올 때는 꿈에 나를 내맡길 줄 알아야 한다. 사람들이 이곳에서 찾으려는 깊은 내면 노래의 첫 화음들을 나는 깊어지는 밤에 이탈리아에서 이미 느끼고 있다. 내일, 오직 내일이 되어서야 시골 풍경이 아침 햇빛 속에서 펼쳐질 것이다. 그러나 오늘 밤, 나는 신들 사이에서 신이 되어 '사랑에 이끌려 종종걸음'으로 달아나는 제시카를 보면서 로렌조의 목소리에 내 목소리를 포갠다. 하지만 제시카는 하나의 핑계일 뿐, 사랑의 열정은 그녀를 넘어섰다. 그렇다, 나는 그렇게 믿는다. 로렌조는 제시카를 사랑하기보다는 사랑하도록 허락해 준 것에 더 감사하는 것 같다. 그런데 오늘 밤 베니스의 연인들을 떠올리면서 왜 베로나는 잊는 것일까? 이곳에서는 불행한 연인들을 측은히 여길 만한 아무런 이유가 없기 때문이다. 사랑을 위해 죽는 것만큼 헛된 일은 없다. 살아야 한다. 살아 있는 로렌조가 장미 나무 아래에 묻힌 로미오보다 낫다. 그러니 살아 있는 사랑의 이런 축제 속에서 어떻게 춤추지 않을 수 있을까? 언제든 방문할 수 있는 기념물들에 둘러싸여 두오모 광장의 짧은 풀 위에서 오후에 낮잠을 자고 부드럽게 미지근한 물이 흐르는 도시의 분수에서 목을 축이며 쭉 뻗은 코와 다부진 입술로 웃던 여자를 어찌 다시 보러 가지 않을 수 있단 말인가. 이러한 입문 의식은 더 높은 차원의 계시를 위한 준비임을 이해해야 한다. 마치 디오니소스 신비주의자들을 엘레우시스로 이끄는 눈부신 행렬과도 같다. 인간은 바로 그 기쁨 속에서 그 교훈을 준비하고 더 높은 차원의 경지에 이르며 육체를 의식하고 검은 피를 상징하는 신성한 신비와의 소통을 기린다. 첫 번째 이탈리아의 열정 속에서 얻은 자기 망각은 희망에서 우리를 해방시키고 우리의 역사에서 벗어나게 하는 이 교훈을 준비한다. 우리가 유일하게 기다렸던 행복이 우리를 황홀하게 만드는 동시에 소멸해 버리는데도 그 행복에 매달리듯, 아름다움의 공연을 보면서 육체와 순간이라는 이중의 진실을 어찌 붙잡지 않을 수 있겠는가.

가장 혐오스러운 유물론은 우리가 흔히 생각하는 것과는 다르다. 그것은 죽은 사상을 살아 있는 현실로 믿게 만들고 우리 안에서 영원히 사라져야 할 것에 대해 집요하고 냉정한 관심을 불모의 신화로 돌리려는 것이다. 피렌체에 있는 산티시마 안눈치아타 성당에 있는 망자들의 수도원에서 있었던 일이 기억난다.

그때 나는 어떤 감정에 휩싸였는데 나는 그것이 고통인 줄 알았지만 사실은 분노였다. 그날 비가 내리고 있었다. 나는 무덤의 묘비석과 봉헌물에 새겨진 글들을 읽고 있었다. 이 사람은 다정한 아빠이자 충실한 남편이었다. 저 사람은 최고의 남편임과 동시에 현명한 상인이었다. 어떤 젊은 여자는 모든 미덕의 본보기였으며 프랑스어를 '마치 원어민처럼si come il nativo' 구사했다. 여기 이 소녀는 모든 가족의 희망이었고 '땅 위의 기쁨이자 순례자였다ma la gioia è pellegrina sulla terra'라고 적혀 있었다. 그런 글귀를 읽고 있는데도 아무것도 감흥이 없었다. 묘비명에 보면 거의 모든 이들이 죽음을 체념하고 있었는데 아마도 그들이 다른 의무도 받아들였기 때문일 것이다. 이제는 아이들이 수도원을 점령하고 망자를 추모하기 위해 세워둔 묘비석을 뛰어넘으며 놀고 있다. 밤이 내려오자 나는 바닥에 앉아 기둥에 등을 기대고 있었다. 한 신부가 지나가며 내게 미소를 지어 보였다. 성당 안에서는 오르간 소리가 나지막이 울려 퍼졌다. 그 따뜻한 선율이 아이들이 외치는 소리에 묻혔다가 간간이 다시 들려왔다. 홀로 기둥에 기대고 있자니 나 자신이 마치 목이 졸린 채 단말마로 신념을 외치는 사람처럼 느껴졌다.

 모든 것이 내 안에서 그런 체념에 저항하고 있었다. '그렇게 해야 한다'라고 묘비명들은 말하고 있었지만 나의 반항은 정당했다. 길 위의 순례자처럼 무심하면서도 몰두한 채로 앞으로 나아가는 그 기쁨을 나는 한 걸음 한 걸음 따라가야만 했다. 그리고 그 외의 모든 것에 대해서 나는 '아니다'라고 말했다. 나는 모든 힘을 다해 아니라고 외쳤다. 묘비석은 나에게 그래 봐야 아무 소용이 없고 삶은 '태양과 함께 떠올라 태양과 함께 지는 것'이라고 가르쳐줬다. 그러나 지금까지도 나는 그 무용함이 내 반항에서 무엇을 빼앗아 갔는지 알지 못하고 오히려 도움이 되었음을 분명히 느낀다.

어쨌든 내가 말하고 싶었던 것은 그런 것이 아니다. 나는 그때 반항의 한가운데서 느꼈던 진실에 더욱 다가가고 싶었을 뿐이다. 내 반항은 단지 진실의 연장에 지나지 않았다. 산타 마리아 노벨라 수도원에서 늦게 핀 작은 장미들부터 피렌체의 일요일 아침에 가벼운 원피스를 입고 가슴이 자유롭게 흔들리고 입술이 촉촉한 여성들에게 이르기까지의 진실 말이다. 그 일요일에 교회의 모퉁이마다 진줏빛 물방울이 맺힌 탐스럽고 윤기가 흐르는 꽃들이 진열대에 펼쳐져 있었다. 나는 그곳에서 일종의 '순진함'과 동시에 보상을 느꼈다. 여자들 속에도 그 꽃들 속에도 너그러운 풍만함이 있었고 내가 보기에는 꽃을 탐하는 것이나 여자를 탐하는 것과 별반 다르지 않았다. 똑같이 순수한 마음이면 충분했다. 사람이 순수한 마음을 느끼는 순간은 흔하지 않다. 그러나 적어도 그 순간만큼은 자신을 특별히 정화시켰던 것을 진실이라고 불러야 하는 것이 그의 의무다. 그날 내가 생각했던 것처럼 그 진실이 다른 사람에게는 신성모독으로 보일지라도. 그날 나는 월계수 향기로 가득한 피에솔레에 있는 프란체스코 수도원에서 아침 시간을 보냈다. 빨간 꽃들과 햇볕, 노랗고 검은 무늬의 벌들로 가득 찬 작은 정원에서 오랜 시간을 보냈다. 한 모퉁이에 녹색 물뿌리개가 있었다. 그곳에 오기 전에 나는 수도사들의 방을 둘러봤다. 책상 위에는 해골이 놓여 있었는데 이제 이 정원이 그들이 받은 영감을 증언하고 있었다. 언덕을 따라 사이프러스 나무로 둘러싸인 도시로 내려가 피렌체로 돌아갔다. 이 세상의 찬란함, 이 여자들, 그리고 이 꽃들이 이 수도사들의 존재를 정당화하는 것처럼 느껴졌다. 나는 이런 정당화가 극단적인 빈곤 속에서도 언제나 사치와 세상의 풍요와 닿아 있다는 것을 아는 모든 사람에게도 해당하는 것인지 확신할 수 없었다. 꽃과 기둥 사이에 갇혀 사는 프란체스코회 수도사들의 삶과 알제의 햇빛 아래서 일 년 내내 파도바니 해변에서 살다시피 하는 저 젊은이들의 삶에서 나는 어떤 공명을 느꼈다. 그들이 자신을 벗어던지는 것은 더 큰 삶을 위해서이지 다른 삶을 위해서가 아니다. 적어도 '결핍'이라는 단어가 가장 의미 있는 경우다. 벌거벗는다는 것은 언제나 육체적 자유와 손과 꽃의 조화를 느끼는 것이다. 인간성을 벗어버린 인간과 대지의 사랑스러운 결합을 느끼는 것이다. 오! 이 결합이 내 종교가 아니라면 나는 기꺼이 개종하리라. 아니다, 이것이 신성모독일 수는 없다. 조토의 그림 속에서 프란체스코 성인들이 짓는 내면의 미소가 행복을 추구하는 사람들을 정당화한다고 말하는 것 또한 신성모독이 아니다. 그 신화는 종교에 대해, 시가 진실에 대해 그러하듯 삶에 대한 열정에 덧씌우는 우스꽝스러운 가면이기 때문이다.

조금 더 나아가 볼까? 피에솔레에서 빨간 꽃들 앞에 사는 이 수도사들은 자기 방 안에 두개골을 두고 성찰을 키우고 있다. 창밖으로는 피렌체가 보이는데 테이블 위에는 죽음이 놓여 있다. 어느 정도의 절망이 지속되면 기쁨이 피어날 수도 있다. 삶이 적당한 온도에 도달하면 영혼과 피가 뒤섞여 모순 속에서도 편하게 살아가면서 신앙과 의무에도 무관심해진다. 그래서 나는 피사의 벽에 자기의 특이한 명예 관념을 거침없이 요약해 놓은 것을 보고도 이제는 놀라지 않는다. "나 알베르토는 내 여동생과 사랑을 나눴다." 이탈리아가 근친상간의 땅이라는 것에, 더 명확하게는 근친상간을 고백하는 땅이라는 것이 나는 놀랍지 않다. 아름다움에서 불멸로 가는 길은 험난하지만 확실한 길이기 때문이다. 아름다움에 빠져든 지성은 허무를 먹고 산다. 위대함으로 숨이 막힐 듯한 이 풍경 앞에서 인간의 생각들은 인간을 하나하나 지워나간다. 이렇게 가혹한 신념들에 의해 부정되고, 덮이고 다시 덮이며 흐릿해진 인간은, 세상 앞에서 더 이상 아무것도 아닌, 단지 형태 없는 하나의 반점일 뿐이다. 그 반점은 세상이 주는 색이든 햇빛이든, 오직 수동적인 진리만을 받아들인다.

그토록 순수한 풍경들은 영혼을 메마르게 하고 그 아름다움은 견딜 수 없을 정도다. 돌, 하늘, 물로 이루어진 이 복음서에는 아무것도 부활하지 않는다고 쓰여 있다. 이제 마음속 깊은 곳에 있는 이 장엄한 사막에서 이 고장의 사람들을 향한 유혹이 시작된다. 고매한 정신들이 고귀한 광경 앞에서 아름다움에 희박해진 공기 속에 있으면서도 위대함과 선의가 함께할 수 있다는 것을 좀처럼 납득하지 못한다 해도 그게 어찌 놀라운 일이겠는가? 신 없이 완성된 지성은 자신을 부정하는 것 속에서 신을 찾는다. 보르자 교황(체사레 보르자는 스페인 귀족인 보르자 가문 출신으로 르네상스 시기에 이탈리아에서 성직자, 정치가, 장군을 지낸 야심가다. 교황 알렉산드르 6세의 사생아로 태어났고 불과 18세에 추기경이 되었지만 교황의 자리를 권력과 쾌락으로 채운 인물이다-역주)은 바티칸에 도착해 이렇게 외친다. "이제 신께서 우리에게 교황직을 주셨으니, 서둘러 그것을 누려야 한다." 그리고 그는 그대로 행동에 옮긴다. 서두른다는 것은 적절한 표현이다. 이미 충만한 자들에게서만 느껴지는 특유의 절망이 그 안에 담겨 있다.

어쩌면 내가 잘못 생각하고 있을지도 모른다. 어쨌든 나는 피렌체에서 행복했고 나 이전에도 많은 사람이 행복했기 때문이다. 그런데 행복이란 존재와 그가 이끄는 실존 사이의 단순한 조화가 아니라면 무엇이 행복일까? 오래 살고 싶은 욕망과 죽을 운명을 동시에 자각하는 이중의 의식만큼 인간과 삶을 정당하게 결합시키는 조화가 또 있겠는가? 여기서 우리는 적어도 아무것도 기대하지 않고 현재를 우리에게 '덤'으로 주어진, 유일한 진실로 여기는 법을 배운다. 나는 이탈리아와 지중해 등 모든 것이 인간의 척도에 맞게 만들어진 고대의 땅이라는 말을 들었다. 그런데 그 땅은 어디에 있고 그곳으로 향하는 길은 어디에 있는가? 내 척도와 만족을 찾기 위해 두 눈을 크게 뜨도록 내버려두라! 아, 벌써 보인다. 피에솔레, 제밀라, 그리고 태양 아래 항구들이. 인간의 척도? 침묵과 죽은 돌들. 그 나머지는 모두 역사에 속할 뿐이다.

그렇다고 해서 거기서 멈춰서는 안 된다. 행복이 절대 낙관주의와 분리될 수 없다는 말은 어디에도 없었기 때문이다. 행복은 사랑과 연결되어 있고 사랑은 낙관주의와는 다르다. 그래서 나는 행복이 너무 쓰라리게 느껴져서 그 자체보다 행복의 약속을 선호하게 되는 순간과 장소를 알고 있다. 그런데 나는 그 시간과 그 장소에서 충분히 사랑할 마음을 가지지 못했다. 체념하지 않을 마음이 부족했기 때문이다. 여기서 해야 할 말은 대지와 아름다움의 축제 속으로 인간이 들어가야 한다는 것이다. 그곳에 들어서는 순간, 새 신도가 베일을 벗듯이 신 앞에 인격이라는 푼돈을 포기해야 하기 때문이다. 그렇다, 행복을 하찮게 보이게 하는 더 높은 차원의 행복이 있다. 피렌체에서 나는 보볼리 정원의 가장 높은 곳으로 올라가서 올리브나무 언덕과 수평선까지 펼쳐져 있는 도시의 고지대를 내려다볼 수 있는 난간으로 갔다. 언덕마다 올리브나무들이 작은 연기처럼 희미하게 보였고 그렇게 만들어진 옅은 안개 속에서 쭉쭉 뻗어 있는 사이프러스 나무들이 또렷하게 드러났다. 가장 가까이 있는 나무는 녹색이었고 먼 것은 검은색이었다. 깊고 푸른 하늘에서 커다란 구름들이 얼룩을 만들었다. 오후가 끝나갈 무렵 은빛이 내려오면서 사방이 침묵 속에 잠겼다. 처음에 언덕 꼭대기는 구름에 가려져 있었다. 미풍이 불어와 얼굴에 그 숨결이 느껴졌다. 바람과 함께 언덕 뒤에서 구름이 커튼이 열리듯 갈라졌다. 바로 그 순간 정상에 있는 사이프러스 나무들이 갑자기 드러난 파란 하늘 속에서 단숨에 자라는 듯 보였다. 이 나무들과 함께 언덕 전체 그리고 올리브나무와 돌로 이루어진 풍경이 더디게 떠올랐다. 또 다른 구름들이 몰려왔고 커튼이 다시 닫혔다. 그리고 언덕은 사이프러스 나무와 집들을 데리고 다시 내려왔고 다른 언덕들은 저 멀리서 점점 더 희미해졌다. 똑같은 미풍이 두꺼운 구름의 주름을 펴더니 이번에는 저쪽에서 그것들을 다시 접고 있었다. 세상의 이 깊은 숨결 속에서 똑같은 숨결이 몇 초 차이로 다시 불어왔고 세계 차원에서 돌과 공기를 주제로 연주되는 푸가가 드문드문 반복됐다. 그때마다 주선율은 한 음씩 낮아졌고 선율을 따라가면서 나는 점점 더 차분해졌다. 마음에 와닿는 경치의 끝에 함께 숨 쉬면서 마치 온 대지의 노래를 부르듯 언덕들이 탈주하는 장면이 한눈에 보였다.

수백만의 눈들이 이 풍경을 응시했다는 것을 나는 알고 있다. 그러나 내게 그것은 하늘의 첫 번째 미소처럼 느껴졌다. 심오한 의미에서 보면 이 풍경은 나를 경계 밖으로 꺼내놓았다. 내 사랑과 돌의 아름다운 비명 없이는 모든 것이 무의미하다는 것을 확신시켜 주었다. 세상은 아름답고, 세상만이 구원이다. 이 풍경이 내게 참을성 있게 가르쳐준 위대한 진실은, 정신은 아무것도 아니며 마음도 마찬가지라는 것이다. 태양에 데워진 돌이나 맑은 하늘 아래 더욱 커 보이는 사이프러스 나무는 '옳다'는 말이 의미가 있는 유일한 세계를 경계 짓는다. 그러니까 인간이 없는 자연이 진실이라는 것이다. 이 세계는 나를 무無로 돌린다. 그리고 나를 극한까지 몰고 간다. 분노 없이 나를 부정한다. 피렌체 들판 위로 저녁이 내려앉았을 때 나는 지혜를 향해 나아가고 있었다. 만약 눈가에 눈물이 고이지 않았다면, 나를 가득 채운 시적인 깊은 고통이 나로 하여금 세상의 진실을 잊게 만들지 않았다면 모든 것이 해탈의 경지에 이른 지혜를 향해서 말이다.

이제 이야기를 끝낼 지점은 바로 이 균형 상태다. 영혼이 도덕을 부정하고 행복이 희망의 부재에서 태어나며 정신이 육체 안에서 제 근거를 찾는 오묘한 순간에 말이다. 모든 진리가 그 안에 쓴맛을 품고 있다는 것이 사실이라면 모든 부정에는 '그렇다'라는 긍정의 꽃이 피어난다는 것 또한 사실이다. 관조에서 자란 희망이 없는 이 사랑의 노래는 가장 효율적인 행동 규칙을 상징할 수 있다. 피에로 델라 프란체스카의 작품에서 무덤에서 부활하는 그리스도는 인간의 눈빛을 지니고 있지 않다. 그 얼굴에는 어떤 기쁨도 그려져 있지 않다. 다만 거칠고 영혼 없는 위엄만이 있다. 나로서는 이 표정을 살아가려는 결연한 의지로 보지 않을 수 없다. 현자도 백치처럼 말이 없기 때문이다. 이 귀환이 나를 황홀하게 한다.

그런데 이 교훈은 이탈리아에서 비롯된 것일까, 아니면 내 마음에서 우러나온 것일까? 아마도 내 앞에 보이는 그곳에서일 것이다. 다른 특별한 장소들과 마찬가지로 이탈리아는 내게 결국 인간이 죽을 운명인 곳의 아름다운 광경을 보여준다. 여기서도 진실은 썩어 없어질 수밖에 없다니 무엇이 이보다 황홀하겠는가? 내가 진실을 원한다고 해도 썩지 않는 진실이 나에게 무슨 소용이 있을까? 그것은 내게 어울리지 않는다. 그런 진실을 사랑한다면 그것은 가식일 것이다. 인간이 자기 삶의 전부였던 것을 포기하는 것이 결코 절망 때문만은 아니라는 사실을 사람들은 좀처럼 이해하지 못한다. 충동과 절망은 우리를 다른 삶으로 이끌고 대지의 교훈에 대한 끓어오르는 애착을 드러낼 뿐이다. 인간은 의식이 어느 수준에 이르면 마음이 닫히는 것을 느끼고

결혼

반항이나 요구 없이 지금까지 자신의 삶이라 여겼던 것, 즉 몸부림에 등을 돌릴 수 있다. 랭보가 단 한 줄의 글도 쓰지 못하고 아비시니아(에티오피아의 옛 이름 - 역주)로 떠난 것은 모험을 좋아해서도, 작가로서 글을 포기한 것도 아니다. 그것은 '그저 그렇게 되었기' 때문이고 의식이 어느 경지에 이르면 우리는 모두 자기 신념에 따라 이해하지 않으려고 애써 외면했던 어떤 진실을 결국 인정하게 되기 때문이다. 여기서 어느 사막에 관한 지리 탐구가 시작됨을 느낄 수 있을 것이다. 그러나 이 독특한 사막은 결코 자신의 갈증을 속이지 않고 그곳에서 살아갈 수 있는 사람들에게만 감지된다. 그제야, 바로 그 사막은 행복한 생명의 물로 가득 채워진다.

보볼리 정원에서는 손이 닿는 곳에 커다란 황금빛 감이 주렁주렁 매달려 있는데 갈라진 틈 사이로 진한 과육이 흘러넘치고 있었다. 완만한 언덕과 과즙이 풍부한 이런 열매 사이에서, 나와 세상을 연결해 주는 비밀스러운 형제애와 내 손 위의 주황빛 과육을 향한 허기 사이에서, 나는 금욕에서 쾌락으로, 궁핍에서 풍요로운 향락으로 이끄는 균형 상태를 포착했다. 나는 세상과 인간을 잇는 그 연결 고리와 이중적 이미지에 감탄하고 또 감탄했다. 그 이미지 속에 내 마음이 개입해서 세상이 인간의 행복을 완성하거나 파괴할 수 있는 명확한 한계에 이르기까지 그 행복을 받아적을 수 있다. 피렌체여! 내 반항의 중심에 어떤 동의가 잠들어 있다는 것을 깨달은 유럽에서 몇 안 되는 장소여. 눈물과 태양이 뒤섞인 그 하늘 아래서 나는 대지에 동의하고 그 축제의 어두운 불꽃 속에서 타오르는 법을 배웠다. 나는 느꼈다… 하지만 어떤 말로 표현할 수 있을까? 어느 정도로 터무니없이? 사랑과 반항의 조화를 어떻게 예찬할 수 있을까? 대지여! 신들이 떠나버린 이 거대한 사원에서 내 모든 우상은 진흙 발(구약성경 다니엘서 중에 '그 우상의 머리는 순금이요 가슴과 두 팔은 은이요 배와 넓적다리는 놋이요 그 종아리는 쇠요 그 발은 얼마는 쇠요 얼마는 진흙이었나이다'에서 유래된 표현 - 역주)을 하고 있다.

여름

하지만 너는 맑은 날을 위해 태어났으니…

프리드리히 횔덜린*,《엠페도클레스의 죽음》

* 18세기 독일을 대표하는 시인 - 역주

미노타우로스* 또는 오랑에서의 휴식

피에르 갈랭도**에게

 더 이상 사막은 없다. 더 이상 섬도 없다. 그러나 여전히 아쉬움이 남는다. 세상을 이해하려면 때로는 다른 데로 고개를 돌려야 한다. 인간을 더욱 잘 섬기려면 잠시 거리를 두어야 한다. 그러나 힘을 얻는 데 필요한 고독은, 정신이 모이고 용기를 평가하기 위한 긴 호흡은 어디에서 찾을 것인가? 남은 것은 대도시들뿐. 다만 그곳에서도 여전히 어떤 조건들이 필요하다.
 유럽이 우리에게 내어주는 도시들은 과거의 소문들로 넘쳐난다. 잘 훈련된 귀라면 그곳에서 날갯짓 소리, 영혼의 고동을 알아들을 수 있다. 그곳에서는 여러 세기와 혁명, 영광의 현기증이 느껴진다. 서구는 함성 속에서 단련해 왔다는 사실이 떠오

---

* 그리스 신화에 나오는 사람의 몸에 소의 머리를 가진 괴물 - 역주
** 알베르 카뮈와 절친한 친구로 그가 겪었던 사건이 《이방인》에서 에피소드로 등장한다 - 역주

른다. 그래서 도무지 조용하지 않다.

 파리는 종종 마음의 사막과 같지만 때로는 페르 라셰즈 언덕 위에 혁명의 바람이 불어와 순식간에 사막을 깃발과 패배한 위대함으로 가득 채운다. 스페인의 몇몇 도시들, 피렌체와 프라하도 마찬가지다. 잘츠부르크는 모차르트가 없었다면 평화로웠을 것이다. 그러나 이따금 지옥으로 떨어지는 돈 후안의 거만한 외침이 잘차흐 강 위로 울려 퍼진다. 도시 중에서 소녀 같은 빈은 더 고요해 보인다. 그곳의 돌들은 삼백 년이 넘지 않아서 그 젊음은 아직 우울을 모른다. 하지만 빈은 역사의 교차로에 놓여 있다. 그 주변으로는 제국의 충돌 소리가 울려 퍼진다. 하늘이 피로 물드는 어떤 저녁에는 링 지구에 있는 기념물에 새겨진 석마石馬들이 날아오를 듯하다. 모든 것이 권력과 역사에 대해 언급하는 짧은 순간에 폴란드 기병대의 습격에 오스만 제국이 무너지는 굉음을 또렷하게 들을 수 있다. 그러나 이 또한 그리 조용하지 않다.

 물론 유럽 도시에서 우리가 찾는 것은 바로 밀도 높은 고독이다. 적어도 자신의 앞가림은 할 줄 아는 사람들 말이다. 그들은 도시에서 원하는 동반자를 선택하고 사귀다가 떠나버린다. 얼마나 많은 영혼이 호텔 방과 생루이 섬의 오래된 석조 건물들 사이를 오가는 여행에 빠지고 말았던가! 어떤 이들은 이곳에서 고립되어 죽기도 했다. 그러나 살아남은 사람들은 적어도 그곳에서 성장하고 자신을 확립할 이유를 발견할 수 있었다. 그들은 혼자였지만 동시에 혼자가 아니었다. 역사와 아름다움이 거친 수 세기 동안 지나간 수많은 삶의 열정적인 증언이 그들과 함께 센 강을 따라 걸으며 전통과 정복에 관한 이야기를 들려줬다. 그러나 이 동행을 불러들인 것은 그들의 젊음이다. 이 동행이 귀찮아지는 순간, 시대가 오기 마련이다. "자, 이제 우리 둘이서 붙어보자!"라스티냐크(오노레 드 발자크의《고리오 영감》에 등장하는 인물로 파리 사교계 입성을 꿈꾸는 청년이다. 온갖 유혹에도 신념을 지킨 라스티냐크는 파리 도시를 굽어보며 이처럼 외쳤다-역주)는 파리라는 거대한 곰팡이 앞에서 이처럼 외친다. 둘이라니, 둘도 너무 많다!

사막 자체가 이제는 하나의 의미가 되었고 시로 넘치게 채워졌다. 그래서 사막은 세상의 모든 고통을 위한 성소가 되었다. 하지만 어느 순간에 마음이 원하는 것은 오히려 시가 없는 장소들이다. 데카르트는 명상을 위해 자기만의 사막을 골랐는데 그곳은 당시 가장 상업적인 도시였다. 그곳에서 그는 자신의 고독을 발견하고 아마도 가장 위대한 시를 쓸 기회를 얻었다. "첫 번째는, 내가 진정 참이라고 인식하지 않는 그 무엇도 참으로 받아들이지 않는 것이다." 이보다 덜한 야망을 품었더라도 그만큼의 노스탤지어를 품을 수 있다. 시를 피하고 돌의 평화를 다시 찾으려면 다른 사막들과 영혼도 없고 의지할 것도 없는 다른 장소들이 필요하다. 오랑이 바로 그런 곳 중 하나다.

거리

나는 오랑 사람들이 자기 도시에 대해 불평하는 소리를 자주 들었다. "여긴 재밌는 모임이 없어." 아무렴 당연하지! 당신들은 그걸 원하지도 않잖아. 일부 훌륭한 정신들이 이 사막에서 다른 세상의 풍습을 정착시키려고 시도했다. 예술이나 사상을 섬기려면 반드시 여러 사람이 모여야 한다는 원칙에서였다.* 그 결과, 유일하게 살아남은 교육적인 모임은 포커 플레이어들, 권투 애호가 모임, 볼링 아마추어 모임, 그리고 지역 사회 모임뿐이다. 적어도 이곳에서는 자연스러움이 만연하다. 어쨌든 고상함과는 거리가 먼 어떤 위대함이 존재한다. 그것은 원래 불모의 위대함이다. 이것을 찾고자 하는 이들은 그런 '모임'을 떠나 거리로 나간다.

오랑의 거리는 먼지와 자갈, 그리고 열기로 가득하다. 비가 내리면 홍수가 나서 진흙 바다로 변한다. 그러나 비가 오든 해가 나든 상점들은 똑같이 기이하고 이상한 분위기를 풍긴다. 유럽과 중동의 모든 악취미가 모인 듯이 온갖 것이 난잡하게 뒤섞여 있다. 대리석으로 만든 그레이하운드, 〈백조의 호수〉에 등장하

---

* 오랑에서 고골의 홀레스타코프(러시아 작가 니콜라이 바실리예비치 고골의 《감찰관》의 주인공으로 가짜 신분으로 남을 속이는 인물이다 - 역주)를 만날 수 있다. 그는 하품하면서 이렇게 말한다. "고상한 무언가를 해야겠는데."

여름

는 발레리나들, 녹색 합성수지로 만든 사냥의 여신 디아나, 원반 던지기 선수들, 그리고 추수꾼 등 생일 선물이나 결혼 선물로 쓰이는 온갖 물건들이 상점들에 즐비하다. 익살스러운 장사 천재가 끊임없이 우리를 부추겨서 기어코 우리네 벽난로에 올려놓게 만들고 마는 온갖 것들이다. 이런 악취미는 일종의 바로크적인 분위기를 띠며 모든 것을 용서하게 만든다. 먼지가 앉은 진열장 속 물건들이 이런 것들이다. 뒤틀린 발을 본떠서 만든 석고 모형들, '한 점당 떨이로 150프랑'인 렘브란트의 그림 몇 점, 깜짝 놀라게 해주기 위한 '장난감들', 삼색 지갑, 18세기 파스텔화, 기계장치를 단 봉제 당나귀, 초록색 올리브를 보관하기 위한 프로방스 병들, 그리고 음란한 미소를 짓고 있는 끔찍한 동정녀 목상 (몰라보는 이가 없도록 '경영진'은 그 발치에 '동정녀 목상'이라는 팻말을 세워두었다).

오랑에서는 이런 것들을 발견할 수 있다.
1. 카운터에는 때가 덕지덕지 껴 있고 그 위로 파리의 다리와 날개들이 흩뿌려져 있는 카페들. 카페 안이 텅텅 비어도 싱글벙글한 주인. 거기서 '블랙커피' 작은 잔은 12수였고 큰 잔은 18수였다.
2. 감광지 개발 이후 전혀 발전이 없는 사진관들. 거리에서 절대 만날 수 없는 족속들을 전시하고 있다. 팔꿈치를 테이블에

피고 있는 가짜 선원부터 숲을 배경으로 허리를 질끈 묶고 팔을 늘어뜨리고 서 있는 결혼 적령기의 젊은 여성까지. 이것은 자연을 그린 초상화가 아니라 창작물이라는 것을 짐작할 수 있다.

3. 풍부한 교훈을 주는 장례용품 가게. 다른 지역보다 오랑에서 사람들이 더 많이 죽어서라기보다는 죽음을 더 유난스럽게 받아들인다는 생각이 든다.

이 상인들의 밉지 않은 유치함은 광고에서도 드러난다. 오랑의 극장에 붙은 전단에서 삼류 영화를 알리는 광고를 읽었다. 전단에는 '호화로운' '화려한' '비범한' '마술 같은' '감동적인' 그리고 '굉장한'이라는 형용사들이 나열되어 있었다. 마지막에는 이 놀라운 '작품'을 상영하기 위해 극장 측에서 얼마나 많은 희생을 감수했는지 알리고 있었다. 그래서 좌석 가격은 올리지 않았다고 했다.

이것을 남부 지방 특유의 과장된 표현에서 비롯된 것으로 생각한다면 오산일 것이다. 정확히 말하자면 이 훌륭한 전단의 작성자들은 심리학적 감각을 지니고 있음을 증명한 셈이다. 두 가지 공연, 두 가지 직업, 때로는 두 여자 중에서 선택해야 할 때, 이곳 사람들에게서 느껴지는 무관심과 뿌리 깊은 무심함을 이겨보려는 것이다. 이 사람들은 강요받지 않으면 결정을 내리지 않는다. 광고는 이런 성향을 잘 파악하고 있다. 그래서 모두 같은 이유로 여기저기서 미국식 방법으로 과장된 표현을 쓰고 있다.

오랑의 거리를 걷다 보면 우리는 이 지역 젊은이들의 두 가지 주요 즐거움이 무엇인지 결국 알게 된다. 그것은 구두에 광을 내는 것과 그 구두를 신고 대로를 거니는 것이다. 이 첫 번째 즐거움을 제대로 이해하려면 일요일 오전 10시에 갈리에니 대로의 구두닦이에게 구두를 맡겨봐야 한다. 높은 의자에 앉아서 오랑의 구두닦이들이 얼마나 자기 직업을 사랑하는지를 직접 보면 문외한이라도 특별한 만족감을 맛볼 수 있을 것이다. 모든 작업은 세심하게 이루어진다. 다양한 솔, 세 가지 종류의 천, 휘발유가 섞인 왁스. 부드러운 천 밑으로 빛나는 완벽한 광택이 드러나면 작업이 끝났다고 생각할 수 있다. 그러나 집요한 손길은 다시 왁스를 묻히고 빛나는 표면을 문질러 광택을 죽인 다음 구두약을 깊숙이 스며들게 한다. 그런 후 똑같이 솔질해서 가죽 깊은 곳에서 전보다 두 배 더 빛나는 광택을 만들면서 마무리된다.

이렇게 얻은 훌륭한 결과물은 감정인들 앞에서 자랑스럽게 전시된다. 길에서 얻은 이러한 즐거움을 감상하려면 도심의 주요 도로 위에서 매일 밤 열리는 젊은이들의 가면무도회에 가보는 것이 좋다. 실제로 열여섯에서 스무 살 사이의 오랑 '사교계' 젊은이들은 미국 영화의 우아함을 본보기로 삼아 치장하고 저녁 식사를 하러 간다. 머리카락에 포마드를 발라 물결 모양을 만들고 펠트 모자를 왼쪽 귀 쪽에서 오른쪽 눈 위까지 비스듬히 눌러쓴다. 목은 머리카락과 이어진 것처럼 보일 만큼 두꺼운 깃으로 감싸져 있다. 얇은 넥타이의 매듭은 핀으로 단단히 고정되어 있고 허벅지 중간까지 내려오는 재킷은 허리춤이 꽉 조여져 있다. 바지는 밝은색에 길이가 짤막하며 구두는 삼중 밑창 위에서 광이 난다. 이 젊은이들은 매일 밤 인도 위로 흔들림 없는 자신감과 구두의 쇠 장식 소리를 울려 퍼지게 한다. 그들은 클라크 게이블의 태도와 풍채, 우월함을 따라 하려고 애쓴다. 그래서 도시의 비판적인 사람들은 이들을 '클라르크Clarque'라고 부르는데 배우의 이름을 대충 발음해서 얻은 별명이다.

어찌 됐든 늦은 오후, 오랑의 주요 대로는 불량해 보이려고 애쓰는 귀여운 청소년 부대로 점령된다. 오랑의 젊은 여성들은 언제나 다정한 이 갱들과 이어질 운명이라고 느끼며 그들 역시도 미국의 유명 여배우들을 따라서 화장하고 우아함을 뽐낸다. 비판적인 사람들은 마찬가지로 여배우 마를렌 디트리히를 떠올리면서 이들을 '마를렌Marlène'이라고 부른다. 그렇게 저녁의 대로에서 새소리가 야자수에서 하늘로 울려 퍼질 때 수십 명의 클라르크와 마를렌이 서로 만나고 위아래로 훑어보며 서로를 평가한다. 그들은 살아 있음과 자신을 드러내는 것에 행복을 느끼고 한 시간 동안 완벽한 존재의 황홀감에 몸을 맡긴다. 그때 질투하는 사람들은 이런 만남을 두고 미국위원회 회의 같다며 빈정거린다. 그러나 이 말에는 서른 살 이상의 사람들이 이 놀이에 끼지 못해서 느끼는 쓸쓸함이 묻어난다. 그들은 매일 열리는 젊음과 낭만이 가득한 이 회의를 이해하지 못한다. 사실 이는 인도 문학에서 볼 수 있는 새들의 의회와 같다. 그러나 오랑의 대로에서는 존재의 문제에 관해 토론하지 않고 완전함으로 이르는 길에 대해 고민하지 않는다. 존재하는 것은 오직 날갯짓, 부채처럼 펼쳐진 깃털, 우아하고 당당한 매력, 그리고 밤과 함께 사라지는 근심 없는 노래의 눈부심만이 남아 있다.

여기서 홀레스타코프의 말이 들리는 듯하다. "고상한 무언가를 해야겠는데." 안타깝게도! 그는 충분히 해낼 수 있다. 사람들이 부추기면 그는 몇 년 안에 이 사막을 사람들로 가득 채울 수 있을 것이다. 그러나 지금으로서는 조금은 비밀스러운 영혼의 소유자라면, 화장하고 꾸몄지만 감정은 꾸밀 줄 모르고 매력 있는 척하려고 해도 금세 들통나 버리는 젊은 여자들의 행렬과 함께 이 속이 빈 도시에서 떠나야 한다. 고상한 무언가에 전념하라! 아니, 차라리 이것을 보아라. 바위에 조각된 산타크루스 산, 산과 잔잔한 바다, 거센 바람과 태양, 항구의 거대한 기중기들, 기차들, 창고들, 부두, 그리고 도시의 암벽을 오르는 거대한 경사들을. 그리고 도시 한가운데에서 벌어지는 이 놀이와 이 권태, 소동과 고독이 있다. 어쩌면 이 모든 것들이 고상함과는 거리가 있을지 모른다. 그러나 과밀한 이 섬들의 가장 큰 가치는 마음이 스스로 벌거벗는다는 것이다. 침묵은 이제 시끄러운 도시 안에서나 가능하다. 암스테르담에서 데카르트는 노년의 발자크에게 이렇게 썼다. "나는 매일 수많은 인파의 혼란 속을 거닐면서도 당신이 당신의 정원에서 느끼는 자유와 평온을 똑같이 느낍니다."*

오랑의 사막

아름다운 풍경 앞에서 살아갈 운명인 오랑 사람들은 이 가혹한 시련을 보기 흉한 건물들로 채우면서 이겨냈다. 사람들은 바다를 향해 열려 있고 저녁의 미풍에 씻기고 상쾌해진 도시를 기대한다. 그러나 스페인 지구**를 제외하면 바다를 등지고 달팽이 모양으로 중심을 향해 돌아가며 지어진 도시와 마주하게 된다. 오랑은 단단한 하늘로 뒤덮인 노란색의 둥근 벽처럼 보인다. 처음에 우리는 미로 속에서 헤맨다. 아리아드네(그리스 신화에 나오는 인물로, 아테네의 왕자 테세우스가 괴물 미노타우로스를 무찌르고 미궁에서 빠져나올 수 있도록 도와주었다 - 역주)의 실을 따라

---

* 아마도 이런 훌륭한 말들을 기념하려고 오랑 사람들은 '코기토 클럽Cogito-club'이라는 이름으로 강연과 토론 모임을 만든 듯하다(데카르트의 '나는 생각한다, 고로 존재한다(코기토 에르고 숨Cogito, ergo sum)'에서 이름을 따온 것이다 - 역주).
** 새로운 프롱 드 메르(해변 도로) 대로

가듯 바다를 찾게 된다. 그러나 황갈색의 위압적인 거리 속에 맴돌게 되고 결국 미노타우로스는 오랑 사람들을 삼켜버린다. 이것이 바로 권태다. 오래전부터 오랑 사람들은 더 이상 헤매지 않는다. 그들은 먹히는 것을 순순히 받아들였다.

오랑에 와 봐야만 돌이 무엇인지 알 수 있다. 유난히 먼지투성이인 이곳에서는 돌이 왕이다. 사람들이 돌을 어찌나 좋아하는지 상인들은 종이를 고정하는 데 쓰거나 그저 전시용으로 돌을 진열장에 올려둔다. 길가를 따라서도 돌이 쌓여 있는데 아마도 보기가 좋아서일 것이다. 1년이 지나도 돌무더기는 여전히 그 자리에 있으니 말이다. 다른 곳에서는 식물에서 얻은 시詩가 이곳에서는 돌의 얼굴을 하고 있다. 상업 지구에서 볼 수 있는 백여 그루의 나무들에는 먼지가 정성스럽게 덮여 있다. 마치 돌처럼 굳어버린 나무들이 가지에서 쓴맛이 나는 먼지 냄새를 떨어뜨린다. 알고 있듯이, 알제에서 아랍 묘지들은 부드러움을 풍긴다. 오랑에서 묘지는, 이번에는 바다를 마주한 라스엘아인 협곡 위에 있다. 부서지기 쉬운 백악색 자갈밭이 펼쳐져 있고 태양은 눈부신 불꽃을 피워 낸다. 이 땅의 해골들 사이로 드문드문 핀 보라색 제라늄이 풍경에 자기의 생명과 신선한 피를 불어넣는다. 도시 전체가 돌로 된 껍질 속에 갇혀 굳어 있다. 플랑퇴르 지역에서 보면 도시를 둘러싼 절벽이 어찌나 두터운지 그 풍경이 지나치게 광물적이라서 비현실적으로 느껴진다. 그곳에서 인간은 추방된다. 이토록 무겁게 짓누르는 아름다움은 마치 다른 세계에서 온 것처럼 보인다.

사막을 영혼이 없는 곳, 하늘이 유일한 왕인 장소로 정의할 수 있다면 오랑은 아직 그 선구자들을 기다리고 있는 셈이다. 도시 주변과 그 위를 덮고 있는 아프리카의 거친 자연은 실제로 뜨겁고 화려한 매력을 뽐내고 있다. 자연은 사람들이 올려놓은 어울리지 않는 장식을 산산이 조각내고 집과 지붕 사이에 격렬한 외침을 내뱉는다. 산타크루스 산의 비탈을 따라 올라가면 흩어져 있는 형형색색의 오랑 건물들이 가장 먼저 보인다. 조금 더 올라가 보면 고원을 둘러싸고 있는 거친 절벽들이 붉은 짐승처럼 바닷속에서 웅크리고 있다. 거기서 더 올라가면 태양과 바람의 거대한 소용돌이가 바위투성이 풍경 속에서 사방으로 질서 없이 흩어져 있는 도시를 덮고 환기시키며 뒤섞는다. 여기서 맞서는 것은 인간의 장엄한 무질서와 언제나 변함없는 바다의 영원함이다. 그것이면 감동적인 삶의 냄새가 비탈길 위로 퍼지기에는 충분하다.

사막은 냉혹한 무언가를 지니고 있다. 오랑의 광물 같은 하늘, 먼지 덮인 거리와 나무들, 모든 것이 두텁고 무심한 세계를 만드는 데 기여한다. 그 세계는 마음과 정신이 자기와 유일한 대상인 인간에게서 벗어나지 않는다. 나는 여기서 은둔의 어려움에 관해서 이야기하고 있다. 사람들은 피렌체나 아테네에 관한 책을 쓴다. 이 도시들은 수많은 유럽 정신을 형성했기 때문에 분명히 의미 있는 곳임은 틀림없다. 그 도시들은 감동을 주거나 열광시킬 만한 무언가를 간직하고 있다. 또한 추억이라는 양식으로 영혼의 어떤 허기를 달래준다. 그러나 정신을 자극할 만한 것은 아무것도 없는 도시, 심지어 추함조차도 이름이 없으며 과거마저 아무것도 아닌 도시를 보면서 감동할 수 있을까? 공허, 권태, 무심한 하늘, 이런 장소가 지닌 매력은 무엇이란 말인가? 아마도 그것은 고독일 것이며 어쩌면 여자일지도 모른다. 어떤 부류의 남자들에게 여자가 아름다운 곳이라면 어디서든 쓸쓸한 조국이 된다. 오랑은 그런 무수한 수도 중 하나다.

경기

오랑의 퐁두크 거리에 있는 센트럴 스포츠 클럽은 진정한 애호가들이라면 자신 있게 인정할 만한 권투의 밤이 열린다. 분명하게 말하자면 출전하는 권투 선수들은 유명한 선수가 아닌, 일부는 링에 처음 오르는 선수들이라는 의미다. 그래서 어떤 기술을 기대하기보다는 적어도 선수들의 투지가 기대되는 경기인 것이다. 한 오랑 사람이 "분명 피를 보게 될 거야."라고 장담하는 통에 마음이 짜릿해졌고 그날 밤 나는 진짜 복싱 애호가들과 함께하게 되었다.

이들은 언뜻 보아도 편의는 안중에도 없다. 그도 그럴 것이, 링은 석회로 벽을 칠한 차고 구석에 설치되어 있었다. 차고의 지붕은 골함석으로 덮여 있고 실내에는 강한 조명이 비추고 있었다. 접이식 의자들이 로프 주위에 사각형으로 배치되어 있는데 '링사이드 특등석'이다. 그 뒤로 다른 좌석들이 길게 놓여 있고 홀의 맨 뒤에는 입석 공간을 넓게 비워두었다. 그곳에 있는 500명 중 누구라도 손수건을 꺼내려 하면 대형 사고로 이어질 수 있기 때문이다. 이 직사각형의 상자 안에서 천여 명의 남자들과 두세 명의 여자들이 숨 쉬고 있다. 내 옆 사람 말로는 그 여자들은 눈에 띄고 싶어 안달이 난 부류라고 한다. 모두가 맹렬히 땀을 흘리고 있다. '유망주'들의 경기를 기다리는 동안 대형 전축이 티노 로시의 노래를 짓이기듯 틀어댄다. 마치 살인 직전에 울려 퍼지는 로맨스 같다.

진정한 애호가들의 인내심은 한계가 없다. 밤 9시에 시작된다던 경기가 9시 30분이 되어도 시작하지 않고 있는데도 아무도 항의하지 않는다. 봄은 후덥지근하고 셔츠를 입은 사람들에게서 풍기는 땀내가 코끝을 자극한다. 레모네이드 병뚜껑이 열리는 소리가 차례로 들리고 코르시카 출신의 가수가 지칠 줄 모르고 부르는 구슬픈 노래 사이에 사람들은 열띤 대화를 나눈다. 막 도착한 몇몇 사람들이 관중 속으로 비집고 들어오자 조명이 링 위로 눈부신 빛을 쏟아낸다. 유망주들의 경기가 시작된다.

유망주들이나 초보 선수들은 즐거움을 위해 싸우느라 기술은 안중에도 없다. 그 즐거움을 증명하려고 서로를 박살 내려고 한다. 선수들은 3라운드를 넘기는 법이 없다. 그 밤의 주인공은 젊은 선수, '비행기 키드'다. 이 청년은 평소에는 카페 테라스에서 복권을 판다. 상대 선수는 안타깝게도 2라운드 초반에 프로펠러처럼 휘두른 주먹에 맞고 링 밖으로 튕겨 나가버렸다.

관중은 조금 흥분했지만 아직은 예의를 차리고 있다. 근육통 연고가 풍기는 성스러운 냄새를 엄숙하게 들이마시며 연속적으로 일어나는 느릿한 의식과 혼란스러운 희생을 바라본다. 흰 벽에 비춘 투사들의 그림자가 그려내는 속죄의 형상들 때문에 더욱 진실로 느껴진다. 이것은 야만적이면서도 계산된 종교의 의례적인 서막과도 같다. 몰아의 경지는 조금 더 뒤에야 올 것이다.

그때 확성기가 '투지를 잃지 않는 강인한 오랑 출신'의 아마르와 '알제의 강펀치' 페레즈의 대결을 알린다. 권투를 잘 모르는 사람이라면 링 위에서 선수들이 소개될 때 터져 나오는 함성을 오해할 것이다. 두 선수가 이미 알려진 개인적인 갈등을 풀기 위해서 엄청난 대결을 벌이는 것이라고 상상할 수 있다. 실제로 그들이 풀려는 것은 분명 갈등이기는 하다. 그러나 그것은 개인적인 것이 아니라 지난 100년 동안 알제와 오랑을 결정적으로 갈라놓은 치명적 갈등이다. 몇 세기 전이었다면 북아프리카의 이 두 도시는 한창때의 피사와 피렌체처럼 피를 말릴 정도로 싸웠

을지도 모른다. 그들의 적개심은 아마도 그럴 만한 아무런 이유가 없다는 점에서 더욱 격렬하다. 서로 사랑할 만한 이유가 충분한데도 그런 만큼 서로를 증오한다. 오랑 사람들은 알제 사람들이 허세를 부린다고 빈정거린다. 알제 사람들은 오랑 사람들을 두고 예의가 없다고 비난한다. 이런 말들은 생각보다 훨씬 날카로운 모욕이다. 형이상학적인 모욕이기 때문이다. 오랑과 알제는 서로 대놓고 직접 공격할 수 없으므로 스포츠나 통계, 그리고 대규모 공사 현장에서 서로 맞붙고 겨루고 욕하며 싸운다.

그래서 링 위에서 역사의 한 장면이 펼쳐지는 것이다. 강인한 오랑 출신 선수는 천 명의 함성에 힘을 얻고 페레즈를 상대로 지역의 삶의 방식과 자존심을 지키고 있다. 진실을 말하자면 아마르는 자신의 변론을 제대로 펼치지 못하고 있다. 그의 변론에는 형식상의 결함이 있다. 팔 길이가 짧다는 점이다. 반대로 알제 출신 강펀치 선수의 팔 길이는 충분하다. 상대 선수의 눈두덩이를 정확하게 펀치로 가격한다. 오랑 선수는 흥분한 관중들의 고함 속에서 장렬하게 코피를 쏟는다. 내 옆 사람을 포함해 관람석에서 거듭 보내는 응원에도 불구하고, "묵사발을 만들어버려!" "날려버려!"라며 대담한 사람들의 외침에도 불구하고, 반칙을 하라는 듯이 "아랫도리를 쳐!" "그래! 심판은 아무것도 못 봤어."라는 소리에도 불구하고, 낙천적인 사람들이 "쟤는 완전히 지쳤어." "더는 못 버텨."라고 외치는데도 알제 선수는 끝없는 야유 속에서 판정승을 거둔다. 스포츠 정신을 운운하던 내 옆 관객은 보란 듯이 박수를 치면서 우레와 같은 함성 속에서 약간 맥 빠진 목소리로 내게 슬쩍 말했다. "이래야 저쪽에서 오랑 사람들을 야만인이라고는 못 하지."

그러나 경기장 안에서는 프로그램에는 없던 싸움들이 이미 벌어지고 있다. 의자들이 나뒹굴고 경찰이 관중들 사이를 비집고 들어오며 흥분은 극에 달했다. 이 현명하기 그지없는 사람들을 진정시키고 다시 침묵시키기 위해서 '주최 측'은 바로 전축으로 상브르뫼즈 군가를 틀었다. 몇 분 동안 경기장은 아수라장이 된다. 혼란스럽게 뒤엉켜서 싸우던 무리와 자원 심판들이 경찰들의 손아귀에 휘둘리고 관중석은 시시덕거린다. 이들은 저항할 수 없는 군가의 물결 속에서 꼬끼오 닭 울음소리나 야옹 장난기 많은 고양이의 울음소리 같은 야만적인 함성을 내면서 다음 경기를 요구한다.

그런데 곧 주경기가 시작된다고 안내 설명이 나가자마자 어느새 평화가 돌아온다. 마치 연극이 끝난 뒤 배우들이 무대를 떠나는 것처럼 칼같이 평정을 되찾은 것이다. 관중들은 너무도 자연스럽게 모자를 털고 의자를 정리하며 아무 일도 없었다는 듯이 순식간에 가족음악회를 보려고 입장표를 산 선량한 관객의 표정으로 돌아간다.

마지막 경기는 해군 소속 프랑스 챔피언과 오랑 출신 선수의 대결이다. 이번 대결에서는 오랑 선수가 팔이 더 길어 유리하다. 그러나 초반 라운드 동안 그의 이런 장점은 관중의 마음을 움직이지 못했다. 관중들은 흥분을 가라앉히며 다시 진정하는 중이다. 그래도 숨은 여전히 가쁘다. 관객들이 박수를 치기는 하지만 열정이 없다. 야유를 보내기도 하지만 적대감은 없다. 경기장은 두 진영으로 나뉘지만 형식상 그럴 뿐이다. 그런데 관중들은 저마다 심한 피로감 뒤에 오는 무관심 속에서 한쪽 편을 선택한다. 만약 프랑스 선수가 '홀딩'을 하거나 오랑 선수가 머리로 들이받는 것이 반칙임을 잊는다면 그 선수는 야유 세례도 받지만 곧이어 터져 나온 박수갈채도 받으며 다시 일어선다. 7라운드까지는 가야 경기다운 분위기로 돌아오고 진정한 애호가들은 피로감에서 깨어나기 시작한다. 아닌 게 아니라 프랑스 선수는 한 번 다운당하더니 점수를 만회하려고 다시 상대에게 달려들었다. 그때 내 옆 사람은 "그렇지. 이제야 진짜 투우가 시작되겠군."이라고 말했다. 이건 정말 투우다. 무정한 조명 아래 땀에 흠뻑 젖은 두 선수는 가드를 풀고 눈을 감은 채 주먹을 날리는가 하면 어깨와 무릎으로 밀치며 서로의 피를 주고받고 분노에 씩씩거린다. 동시에 관중석에서도 일어나 두 영웅의 투지를 함께 외친다. 관중들은 영웅과 함께 주먹에 맞고 다시 되돌려주면서 헐떡거리는 수많은 목소리 속에 타격 소리가 울려 퍼진다. 무심하게 응원할 선수를 골랐던 관중들은 이제는 자신의 선택을 고

수하고 그 속에서 열광한다. 옆 사람의 외침이 10초마다 내 오른쪽 귀에 꽂힌다. "때려라, 파란 칼라. 어서, 해군아!" 동시에 우리 앞에 앉은 관중이 오랑 선수에게 소리친다. "안다! 옴브레!Anda! hombre!(스페인어로 여기서는 '이봐! 이 친구야!' 정도의 의미다 - 역주)" 이 친구와 파란 칼라는 힘을 내고 석회, 철판, 시멘트로 만들어진 이 사원 안에서 고개를 숙인 신들에게 모두가 온전히 몰입한다. 땀으로 번들거리는 가슴팍에 묵직하게 꽂히는 타격은 한 방 한 방 관중의 몸에도 엄청난 진동이 전해지고 관중들도 선수들과 함께 마지막 힘을 쏟아낸다.

분위기가 이러하니 관중에게 무승부라는 결과는 말도 안된다. 사실 관중들의 감정은 정확히 두 가지로 나뉜다. 선과 악, 승자와 패자만이 존재하는 법이다. 틀리지 않았다면 옳은 것이 마땅하다. 심판들이 매수되었다는 등 비난의 소리가 곧바로 이천 개의 힘찬 폐에서 터져 나오면서 이 완벽한 논리의 결론을 제시한다. 그러나 파란 칼라가 링 위에서 상대 선수를 껴안고 형제의 땀을 마시니 관중은 곧 마음을 돌리고 기꺼이 박수를 보낸다. 옆 사람 말이 옳다. 그들은 야만인이 아니다.

침묵과 별빛으로 가득 찬 하늘 아래에서 썰물처럼 빠져나간 관중들은 가장 고된 싸움을 막 끝낸 참이었다. 그들은 관전평을 늘어놓을 힘도 없이 조용히 흩어진다. 선과 악이 분명한 이 종교에는 자비가 없다. 이 신자들은 이제 어둠 속으로 사라지는 검고 흰 그림자 무리일 뿐이다. 힘과 폭력은 외로운 신들이기 때문이다. 그들은 아무런 추억도 남기지 않는다. 이 신들은 오히려 현재에 그들의 기적을 아낌없이 흩뿌린다. 그 기적은 링 주변에서 영성체하는 과거 없는 이 민족과 결이 잘 맞는다. 이 의식은 조금은 거칠고 어렵지만 모든 것을 단순하게 만들어준다. 선 아니면 악, 승자 아니면 패자로. 코린토스에는 두 개의 신전이 나란히 있었다. 하나는 폭력의 신전이요, 다른 하나는 필연의 신전이었다.

기념물

형이상학 못지않게 경제학과 관련하여 오랑 스타일이라는 것이 있다면 그것은 메종 뒤 콜롱('식민자의 집 Maison du Colon'이란 의미로 프랑스 총독부가 세운 식민행정기관 건물 - 역주)이라고 불리는 독특한 건축물에서 분명하고도 강렬하게 드러난다. 오랑은 기념물이 부족한 도시는 아니다. 이 도시에는 제정 시대의 총사령관들, 관료들, 그리고 지역 자선가들을 기리는 기념물들이 충분히 있다. 우리는 비와 햇볕을 견디며 역시 돌이나 권태에 체념한 채, 돌과 권태가 되어버린 기념물들을 먼지가 쌓인 작은 광장에서 만나게 된다. 그러나 그것들은 모두 외부에서 온 산물을 대표한다. 이 행복한 미개인의 땅에서 그것들은 문명의 유감스러운

여름 **89**

흔적이다.

오랑은 반대로 스스로 제단과 연단을 세웠다. 이 나라를 살게 하는 수많은 농업 기관을 위한 공동 건물을 상업 도시의 한복판에 지어야 했던 오랑 사람들은 모래와 석회로 자신들의 미덕을 설득력 있게 보여줄 건물을 짓고자 했다. 그것이 바로 메종 뒤 콜롱이다. 건물로 판단해 보건대, 이 미덕들은 세 가지로 보인다. 취향의 대담함, 폭력에 대한 사랑, 그리고 역사적 종합에 대한 감각이다. 이집트와 비잔틴, 뮌헨이 총동원되어 뒤집힌 거대한 케이크 형태를 한 이 섬세한 건축을 세웠다. 지붕의 테두리는 형형색색의 돌들로 장식해 강렬한 효과를 낸다. 이런 모자이크의 생동감은 너무도 강렬해서 처음에는 아무것도 보이지 않고 형태 모를 눈부심만 느껴진다. 그러나 가까이 다가가 자세히 보면 어떤 의미를 지니고 있음을 알 수 있다. 하얀 방서모를 쓰고 나비넥타이를 맨, 한 친절한 식민 통치자가 고대 옷을 입은 노예들의 행렬로부터 경의를 받는 모습이 그려져 있다.* 이 건물과 그 장식들은 결국 교차로 한가운데, 도시의 명물 중 하나인 곤돌라 형태의 작은 전차들이 오가는 장소에 자리 잡았다.

오랑은 시청 앞 광장에 있는 두 개의 사자상에도 깊은 애정을 품고 있다. 사자상들은 1888년 이후로 시청 계단 양쪽으로 위

---

* 알제리 민족의 또 다른 특징은 보다시피 솔직함이다.

풍당당이 자리 잡고 있다. 사자상을 만든 사람은 카인이라는 조각가였다. 사자상은 위엄이 있고 몸통은 짧다. 밤이 되면 이 사자들은 차례로 받침대에서 내려와 어둑한 광장을 조용히 어슬렁거리다가 먼지 쌓인 큰 무화과나무 아래서 오랫동안 오줌을 눈다고들 한다. 물론 이 이야기는 어디까지는 오랑 사람들이 귀를 기울이는 소문일 뿐이다. 사실일 리 없는데도 말이다.

카인에 대해 조금 알아봤지만 큰 흥미를 느낄 수 없었다. 솜씨가 좋은 동물 조각가로 명성을 날렸다는 것만 알게 되었다. 그런데도 나는 종종 그에 대해 생각한다. 오랑에 있다면 자연스럽게 생기는 정신적인 경향이다. 대단치 않은 작품을 이곳에 남겼지만 명성이 자자한 예술가가 있다. 수십만 명의 사람들이 그가 거만한 시청 앞에 세워 놓은 온순한 맹수들에 익숙해졌다. 이런 것도 예술이 성공하는 한 방식이다. 아마도 두 사자는 이런 장르에 속하는 수천 개의 작품이 그러하듯이, 재능과는 다른 무엇을 증명한다. 우리는 〈야간 순찰〉, 〈성흔을 받는 성 프란체스코〉, 〈다비드〉, 〈꽃의 찬미〉 같은 작품을 만들 수 있었을지도 모른다. 그러나 카인은 맹랑한 낯짝을 상업 도시 한복판에 떡하니 세워 놓았다. 언젠가 다비드상이 피렌체와 함께 무너지더라도 이 사자상은 재난에서도 살아남으리라. 다시 한 번 말하지만 이 사자들은 다른 무언가를 증명한다.

이런 생각을 명확히 말해볼 수 있을까? 이 작품에는 무의미와 견고함이 동시에 존재한다. 정신은 거의 담겨 있지 않고 물질만 큰 역할을 하고 있다. 평범한 작품은 청동을 통해서라도 어떻게든 오래 남으려고 한다. 사람들은 작품에 영원의 권리를 부여하는 것을 거부했지만 그 권리를 매일 차지한다. 그런 것이 바로 영원이라는 것이 아닐까? 어쨌든 이런 집요함이 감동을 주었고 오랑의 모든 기념물과 오랑 나름의 교훈을 지니기도 한다. 집요함 덕분에 하루에 한 시간쯤, 아무 때나 한번 우리는 중요하지 않은 것에 주의를 기울일 수밖에 없다. 정신은 이런 반복에서 이로움을 찾는다. 그것은 정신적인 위생에 도움이 되고 반드시 겸손의 순간이 필요하므로 어리석어지는 이 기회가 다른 것들보다 바람직해 보인다. 사라지는 모든 것은 오래 남고자 한다. 그러니 모든 것이 오래 남으려고 한다고 하자. 인간의 작품은 그 이상의 의미를 지니지 않고 그런 점에서 카인의 사자상은 앙코르의 유적들과 같은 기회를 누린다. 그래서 겸손해질 수밖에 없다.

오랑에는 또 다른 기념물들도 있다. 아니 적어도 기념물이라고 불러야만 하는 것들이 있는데 그것들 또한 이 도시를 어쩌면 더 의미 있는 방식으로 증명하고 있기 때문이다. 그것은 바로 십여 킬로미터에 걸쳐 항구에서 진행 중인 대규모 공사들이다. 원래 가장 빛나는 작은 만灣을 거대한 항구로 바꾸는 공사였다. 그러나 실제로는 인간이 돌과 맞서 싸우는 또 하나의 기회일 뿐이다.

플랑드르의 어떤 거장들의 그림에서 놀라운 주제가 반복적으로 등장한다. 바로 바벨탑의 건설이다. 끝없이 펼쳐진 전경, 하늘로 기어 올라가는 바위들, 그리고 일꾼들, 짐승들, 사다리들, 이상한 기계들, 밧줄들, 줄들이 빼곡히 드리워진 급경사가 그려져 있다. 거기서 인간들은 공사 현장이 얼마나 초인간적으로 거대한지를 보여주기 위해서만 존재할 뿐이다. 오랑의 서쪽 산마루 위에서 내려다보면 절로 이런 생각이 떠오른다.

거대한 비탈에 매달린 레일들, 소형 운반차들, 기중기, 작은 기차들… 이글거리는 태양 아래에서 장난감처럼 보이는 기관차들이 호각 소리, 먼지와 연기 사이 속에서 거대한 바위 더미들을 휘돌아 지나간다. 개미 떼 같은 인파는 연기 나는 산의 뼈대 위에서 밤낮으로 바삐 움직인다. 절벽 옆으로 한 개의 밧줄에 매달린 몇십 명의 사람이 자동 착암기에 배를 밀착한 채 온종일 허공에서 몸을 떨며 암석에서 거대한 조각을 떼어내어 먼지와 굉음 속으로 굴러 떨어뜨린다. 더 멀리에서는 소형 운반차들이 비탈길에서 뒤집히는가 하면 갑자기 바다 쪽으로 쏟아진 바위들이 굴러떨어지면서 작은 돌 파편이 사방으로 튀어 오르고 물속으로 첨벙 빠진다. 한밤중이나 한낮에도 폭음이 규칙적으로 온 산을 흔들고 바다마저 들썩이게 한다.

작업장 한가운데서 인간은 돌에 정면으로 맞선다. 이런 일을 가능하게 만드는 고된 노역을 잠시라도 잊을 수 있다면 우리는 감탄하지 않을 수 없을 것이다. 산에서 뜯어져 나온 이 돌들은 인간의 계획을 위해 쓰인다. 돌들은 첫 번째 파도 아래에 쌓이다가 점차 모습을 드러내며 결국 방파제 모양으로 정리된다. 인간들과 기계들이 곧 그 위를 가득 메우고 날마다 바다를 향해 나아간다. 거대한 강철 이빨들이 끊임없이 절벽의 배를 파내고 제자리에서 한 바퀴 빙 돌아 입안에 가득한 돌을 바다에 토해낸다. 해안 절벽이 낮아짐에 따라 해안 전체는 거침없이 바다를 잠식한다.

물론 돌을 파괴하는 것은 불가능하다. 단지 자리만 바꿀 수 있다. 어쨌든 돌은 돌을 사용하는 인간들보다 더 오래 남을 것이다. 지금은 인간의 행동 의지를 밀어주고 있다. 그러나 쓸모없는 일일지도 모른다. 돌의 위치를 바꾸는 것은 인간의 일이고 우리는 그 일을 하든지 아무것도 안 하든지 둘 중 하나를 선택하는 수밖에 없다.* 분명 오랑 사람들은 선택했다. 무심한 만灣을 마주하고 앞으로도 수년 동안 해안을 따라 자갈 더미를 쌓아 올릴 것이다. 백 년 뒤, 다시 말해 내일이 되면 새롭게 시작해야 할 것이다. 오늘 쌓아 올린 자갈 더미가 먼지가 묻고 땀에 젖은 마스크를 쓴 채 그사이를 오가는 사람들을 증명하고 있다. 오랑의 진정한 기념물은 여전히 이 돌들이다.

* 이 수필은 어떤 유혹을 다루고 있다. 그 유혹을 직접 경험해봐야 한다. 그런 다음 행동하든 하지 않든, 적어도 그 이유는 알고 선택할 수 있다.

아리아드네의 돌

프랑스 소설가 플로베르의 친구인 르 푸아트뱅(알프레드 르 푸아트뱅Alfred Le Poittevin은 프랑스의 시인이자 변호사 - 역주)은 죽음을 앞두고 더없이 소중한 땅을 마지막으로 바라보며 이렇게 외쳤다. "창문을 닫아주세요, 너무 아름다워요." 오랑 사람들은 이 시인과 비슷해 보인다. 그들은 창문을 닫고 안에 틀어박혀서 바깥의 풍경을 쫓아냈다. 그러나 르 푸아트뱅은 죽었고 그 후로도 날들은 계속 이어졌다. 마찬가지로 오랑의 노란 벽 너머로 바다와 땅은 무심한 대화를 여전히 이어간다. 이러한 영속성은 인간에게 반전 매력으로 다가왔다. 인간을 절망시키기도 고양시키기도 하는 것이다. 세상은 단 한마디 말뿐이고, 흥미롭다가 이내 지루해진다. 그러나 결국 세상은 끈질기게 인간을 이긴다. 세상은 언제나 옳다.

오랑의 문턱에서부터 자연은 이미 목소리를 높인다. 카나스텔 숲 인근에 드넓은 황무지가 펼쳐져 있는데 향기로운 덤불로 뒤덮인 곳이다. 그곳에서 태양과 바람은 오직 고독에 관해서만 이야기한다. 오랑 위쪽에 산타크루스 산과 그곳으로 이어지는 고원과 수많은 계곡이 있다. 한때 마차가 다니던 길들이 바다를 내려다보는 언덕 허리에 붙어 있다. 1월이 되면 그 길 중 일부는 꽃으로 뒤덮인다. 데이지와 미나리아재비가 노란색과 흰색으로 수놓아 화려한 길을 만든다. 산타크루스에 대해서는 더 이상 할 말이 없다. 그래도 덧붙여야 한다면 나는 축일 때마다 험한 언덕을 오르는 성스러운 행렬은 잊고 다른 순례들을 떠올릴 것이다. 순례자들은 외로이 붉은 바위 사이를 따라 걸으며 고요한 만灣 위로 올라가 무無에서 찬란하고 완전한 한 시간을 바친다.

오랑에도 모래로 된 사막이 있다. 바로 해변들이다. 성문 근처에서 볼 수 있는 해변들은 겨울과 봄에만 한적하다. 그 시기에 고원은 수선화로 뒤덮이고 장식 없는 작은 별장들이 꽃들 사이에 파묻혀 있다. 아래쪽에서는 바다가 나지막하게 으르렁거린다. 그러나 이미 태양과 산들바람, 수선화의 새하얀 빛, 하늘의 선명한 푸른빛, 이 모든 것이 여름을, 그 여름의 해변을 가득 채우는 황금빛 젊음과 모래 위에서 보내는 긴 시간, 그리고 갑작스레 찾아오는 저녁의 부드러움을 떠오르게 한다. 해마다 이 바닷가에서는 꽃 같은 소녀들의 새로운 수확 철이 열린다. 그 꽃들에게는 한 철뿐이다. 다음 해가 되면 작년 여름만 해도 꽃망울처럼 아직 단단한 소녀였던 다른 꽃들이 그들을 바로 대신한다. 오전 11시가 되면 이 젊은 육체들은 알록달록한 천으로 겨우 몸을 가린 채, 고원에서 내려오며 다채로운 파도처럼 모래 위로 몰려든다.

언제나 순결한 풍경을 보려면 더 멀리 (그러나 신기하게도 이십만 명의 사람들이 맴도는 이곳 바로 옆으로) 가야 한다. 그곳은 인간의 흔적이라고는 썩어가는 오두막 하나밖에 남아 있지 않은, 길고 텅 빈 모래언덕들이다. 때때로 아랍인 목동이 언덕 꼭대기로 몰고 있는 염소 떼가 검은색과 베이지색 점들처럼 움직인다. 오랑의 이 바닷가에서 맞는 여름날 아침은 매번 세상에서 처음 맞는 아침처럼 느껴진다. 모든 황혼은 마지막 석양인 듯이, 해 질 무렵에 모든 색조를 어둡게 만드는 마지막 빛으로 장엄한 임종을 알린다. 바다는 군청색이고 도로는 굳은 피처럼 검붉고 해변은 노랗다. 모든 것이 초록빛 태양과 함께 사라진다. 한 시간 후면 모래언덕에는 달빛이 흘러넘친다. 그때 무수한 별빛이 쏟아지는 끝없는 밤이 시작된다. 때때로 폭풍이 지나가고 번개가 모래언덕을 훑으며 하늘을 창백하게 만들고는 모래와 우리의 눈 속에 주황빛 섬광을 남긴다.

그러나 이것들은 결코 나눌 수 있는 것이 아니다. 직접 경험해 봐야만 한다. 이토록 깊은 고독과 장엄함은 이런 곳에 잊지 못할 얼굴을 남긴다. 미지근한 새벽녘, 아직 검고 씁쓸한 첫 번째 파도가 지나가면 새로운 존재가 지고 가기에는 무거운 밤의 물을 가르며 지나간다. 이런 즐거운 추억들을 후회하지는 않아서 나는 그런 경험들이 좋았다는 것만을 기억한다. 수많은 세월이 흐른 지금도 그때 느낀 즐거움이 온전하기란 힘들지만 여전히 내 마음 어딘가에 남아 있다. 그리고 다시 황량한 그 모래언덕으로 간다면 똑같은 하늘이 숨결과 별을 여전히 쏟아내리라는 것을 알고 있다. 이곳이 바로 순수의 땅이다.

그러나 순수에는 모래와 돌이 필요하다. 인간은 그곳에서 살아가는 방법을 잊었다. 적어도 그렇게 믿을 수밖에 없다. 인간은 권태가 잠든 이 기이한 도시 안에 자신을 가두었기 때문이다. 그런데 오랑의 가치는 이런 대립에서 생겨난다. 순수와 아름다움에 포위된 권태의 수도인 이 도시를 에워싸고 있는 군대는 돌의 수만큼이나 많은 병력으로 구성되어 있다. 그러나 도시 안에서 어떤 시간에는 적진으로 넘어가고 싶은 유혹이 얼마나 강렬한지! 이 돌들과 일체가 되어 역사와 그 소란을 무시하는, 뜨겁고 무심한 세계와 뒤섞이고 싶다는 그 유혹이란! 그것은 아마도 헛된 일일 것이다. 그러나 인간 안에는 저마다 파괴 본능도 창조 본능도 아닌, 어떠한 것도 닮지 않으려는 뿌리 깊은 본능이 있다. 오랑의 따뜻한 벽이 만든 그늘에서, 먼지 낀 아스팔트 위에서, 때때로 우리를 초대하는 소리를 듣는다. 잠깐이라도 본능에 굴복한 정신들은 결코 실망하지 않는 듯하다. 그것은 에우리디케의 어둠이자 이시스의 잠이다. 여기, 저녁의 서늘한 손을 요동치는 심장에 올려놓고 사색이 다시 기운을 차리는 사막이 있다. 감람산에서 밤샘 기도는 의미가 없다. 정신은 잠든 사도들에게 합세해 그들에게 동의한다. 사도들은 정말 잘못을 저지른 것일까? 그런데도 그들은 계시를 받았다.

사막에 있는 석가모니를 생각해 보자. 그는 꼼짝도 하지 않고 가부좌를 틀고 앉아 하늘만 바라보며 오랜 세월을 그곳에서 보냈다. 신들조차도 그의 지혜와 돌과 같은 그의 운명을 부러워했다. 앞으로 뻗은 채 굳어버린 그의 손 위에 제비들이 둥지를 틀었다. 그러나 어느 날 제비들은 먼 땅에서 부름을 받고 날아가 버렸다. 욕망, 의지, 영광, 그리고 번뇌도 자기 안에서 물리친 그는 눈물을 흘리기 시작했다. 그렇게 바위틈에서도 꽃이 피는 일이 생긴다. 그렇다, 필요할 때는 돌에 동의하자. 우리가 얼굴에서 찾으려는 그 비밀과 열의를 돌도 우리에게 줄 수 있다. 아마도 오래갈 수는 없을 것이다. 그런데 그 무엇이 오래갈 수 있겠는가? 얼굴의 비밀은 사라지고 우리는 다시 욕망의 사슬 속으로 던져진다. 그래서 돌은 인간의 마음보다 더 많이 해줄 수는 없더라도 적어도 그만큼은 해줄 수 있다.

"무無가 되어라!" 이 외침이 수천 년 동안 수많은 사람을 욕망과 번뇌에 맞서 싸우게 했다. 그 메아리가 수 세기를 거치고 여러 대양을 건너 이곳, 세상에서 가장 오래된 저 바다 위에서 사라졌다. 그리고 지금도 오랑의 단단한 절벽에 은밀하게 부딪혀 되울린다. 이 고장 사람들은 모두 저도 모르게 이 조언을 따른다. 당연히 그것은 거의 헛된 짓이다. 무는 절대와 마찬가지로 도달할 수 없는 경지다. 그러나 장미나 인간의 고통이 우리에게 가져다주는 영원의 신호들을 우리가 일종의 은혜처럼 받아들이고 있으니, 대지가 드물게 내어주는 잠으로의 초대 또한 거절하지 말자. 어느 쪽이든 진실을 지니고 있다.

아마도 이것이 반쯤 잠들어 있고 광적인 이 도시의 아리아드네의 실일지도 모른다. 여기서 사람들은 어떤 권태에서 비롯된 일시적인 덕을 배운다. 목숨을 구하려면 미노타우로스에게 "네." 라고 말해야 한다. 이것이야말로 오래되고 보편적인 지혜다. 붉은 절벽 아래 고요한 바다를 내려다보며 좌우로 맑은 바닷물에 잠겨 있는 두 개의 거대한 곶 사이, 그 중간 지점에서 적당히 균형을 유지하는 것만으로도 충분하다. 먼바다를 떠다니는 해안경비정의 헐떡임 속에서 초인적이고 번뜩이는 힘의 억눌린 외침이 들린다. 그것은 미노타우로스의 작별 인사다.

정오가 되면 낮 그 자체는 경계에 있다. 여행자는 의식을 마치면 해방의 대가로 작은 돌을 받는다. 마치 수선화처럼 물기 없고 부드러운 그 돌을 그는 절벽 위에서 줍게 된다. 깨우친 자에게 세상은 이 돌보다 무겁지 않다. 아틀라스의 짐은 가볍다(그리스 신화에서 아틀라스는 신들에 맞서 싸운 대가로 하늘을 어깨에 짊어지는 형벌을 받는다 - 역주). 적절한 때를 선택하기만 하면 된다. 그러면 한 시간, 한 달, 혹은 일 년 동안 이 해안들이 자유로울 수 있다는 것을 깨닫게 된다. 이 해안들은 수도사든 공무원이든 또는 정복자든 너나 할 것 없이 마구잡이로 맞아들인다. 나는 오랑의 거리에서 데카르트나 체사레 보르자를 만날 수 있기를 기다리던 날들도 있었다. 그런 일은 일어나지 않았다. 누군가는 나보다 더 운이 좋을지도 모른다. 위대한 행동이나 위대한 작품, 남성적인 사색은 한때 모래나 수도원의 고독이 필요했다. 그곳에서 정신을 단련하며 밤을 지새우기도 했다. 오늘날에는 오랫동안 영혼 없는 아름다움 속에 자리 잡은 대도시의 공허만큼 정신 단련을 위해 더 나은 곳이 또 있을까?

여기 수선화처럼 작고 부드러운 돌이 있다. 모든 것은 이 돌에서 시작된다. 꽃도 (원한다면) 눈물도 이별도 투쟁도 내일의 일이다. 한낮에 하늘이 광활하고 울림 가득한 공간 속에 빛의 샘을 열어 놓으면 해안의 모든 곳은 마치 출항을 앞둔 작은 함대처럼 보인다. 바위와 빛의 묵직한 갤리선들은 마치 태양의 섬을 향해 항해할 준비를 하는 것처럼 용골 위에서 부르르 떨고 있다. 아, 오랑의 아침들이여! 고원 위에서 제비들은 대기가 끓고 있는 거대한 물통 속으로 뛰어든다. 해안 전체가 출발할 준비를 마쳤고 모험의 설렘이 그곳을 가로지른다. 아마도 내일, 우리는 함께 출발할 것이다.

(1939)

아몬드나무들

"내가 세상에서 가장 감탄하는 것이 무엇인지 아시오? 그것은 무언가를 세울 때 힘은 무력하다는 것이오. 세상에는 두 가지 힘만이 있소. 그것은 바로 검과 정신이오. 그러나 결국에는 항상 검이 정신에 패배합니다."라고 나폴레옹은 퐁탄(루이 마르슬랭 드 퐁탄, 프랑스의 시인이자 정치가 - 역주)에게 말했다.

보다시피 정복자들은 때때로 우울해진다. 그토록 헛된 영광에 대한 대가를 어느 정도는 치러야만 하기 때문이다. 그러나 백 년 전의 검에 대해서는 진실이었던 것이 이제는 탱크에 대해서도 똑같이 진실일 수는 없다. 정복자들은 우세했고 영혼 없는 장소들의 음울한 침묵이 수년 동안 갈기갈기 찢긴 유럽을 지배했다. 프랑스의 침공으로 플랑드르에서 벌어진 끔찍한 전쟁 중에 네덜란드 화가들은 어쩌면 닭장 속 수탉을 그렸을지도 모른다. 우리는 백년 전쟁도 잊었지만 슐레지엔 신비주의자들의 기도는 아직도 몇몇 사람들의 마음속에 살아 있다. 그러나 오늘날 상황이 달라졌고 화가와 수도사마저 징집된다. 우리는 이 세상과 연대를 맺고 있기 때문이다. 정신은 정복자가 인정해 주던 그 위대한 확신을 잃었다. 이제 정신은 그 힘을 다스릴 줄 몰라서 온 힘을 다해 저주하고 있다.

선량한 영혼들은 그것은 잘못이라고 말하곤 한다. 그것이 진정 잘못인지 우리는 알 수 없지만 그런 것이 있다는 것만은 알고 있다. 결론은 우리가 이런 상황에 적응해야 한다는 것이다. 그렇다면 우리가 무엇을 원하는지를 알기만 하면 된다. 우리가 진정 원하는 것은 다시는 검 앞에서 고개를 숙이지 않는 것, 정신을 섬기지 않는 힘에 정당성을 부여하지 않는 것이다.

그것은 물론 끝없는 과업이다. 그러나 우리는 그 과업을 이어 나가기 위해 여기에 있다. 나는 진보나 역사 철학에 동의할 만큼 이성을 믿지 않는다. 적어도 내가 믿는 것은, 인간은 자신들의 운명을 자각하는 데 있어 결코 멈춘 적이 없었다는 것이다. 우리는 우리의 조건을 극복하지 못했지만 조건을 더 잘 알게 되었다. 모순 속에서 살고 있지만 그 모순을 거부하고 모순을 줄이기 위해 해야 할 일을 해야 한다는 것도 알고 있다. 우리 인간의 과업은 자유로운 영혼의 끝없는 불안을 잠재워 줄 몇 가지 처방을 찾는 것이다. 찢어진 것을 다시 꿰매고 너무나 명백하게 부당한 세상 속에서 정의를 꿈꿀 수 있도록 만들며 시대의 불행에 중독된 사람들을 위해 행복을 의미 있게 만들어야 한다. 본래 그것은 인간을 초월하는 과업이다. 그런데 우리는 오랜 시간에 걸쳐 완성되는 과업을 단지 초인적이라고 부를 뿐이다.

그러니 우리가 무엇을 원하는지 분명히 알고 설령 힘이 이념이나 안락함의 얼굴을 하고 우리를 유혹하려고 해도 정신을 굳건히 해야 한다. 첫 번째로 중요한 것은 절망하지 않는 것이다. 세상의 종말을 외치는 자들의 말에 너무 귀 기울이지 말자. 문명은 그리 쉽게 죽지 않으며 혹여 이 세상이 무너진다고 해도 그것은 나중의 일이다. 우리가 비극의 시대에 살고 있음은 사실이다. 그러나 너무도 많은 사람이 비극과 절망을 혼동한다. 영국의 소설가 로렌스가 말했듯이 "비극은 불행을 걷어차는 힘찬 발길질과 같은 것"이리라. 이것이 건전하고 당장에 실천할 수 있는 생각이다. 오늘날에는 이렇게 발길질에 걷어차일 것이 수두룩하다.

내가 알제에서 살았을 때, 나는 겨울이면 언제나 인내심을 가지고 기다리곤 했다. 쌀쌀하고 순수한 2월의 어느 날, 레 콩쉘 계곡에 있는 아몬드나무들이 하룻밤 새에 하얀 꽃으로 뒤덮인다는 것을 알고 있었기 때문이다. 그러면 나는 비와 바닷바람을 견디는 약하디약한 이 흰 눈꽃을 보면서 경이로움을 느꼈다. 그러나 그 꽃들은 매년 열매를 맺을 준비에 필요한 시간만큼은 남아 있었다.

그것은 상징이 아니다. 우리는 상징으로는 행복을 얻지 못할 것이다. 더 진지한 것이 필요하다. 내가 하고 싶은 말은 단지, 불행의 한가운데에 있는 이 유럽에서 이따금 삶의 무게가 너무 무거울 때 그토록 많은 힘이 여전히 온전히 남아 있는 저 빛나는 나라를 되돌아보게 된다는 것이다. 나는 그 나라들을 너무도 잘 알기에 관조와 용기가 균형을 이룰 수 있는 선택받은 땅이라는 것도 모를 수가 없다. 그곳의 모범적인 명상을 통해 정신을 구하고자 한다면 신음하고 불평하는 정신의 미덕은 무시해 버리고 그 힘과 위엄을 드높여야 한다는 것을 배웠다. 이 세계는 불행으로 중독되어 있고 그 속에서 스스로 만족하는 듯하다. 니체가 중력의 악령이라고 불렀던 그 악령에 완전히 사로잡혀 있는 것이다. 거기에 동조하지 말자. 정신을 두고 울어봐야 헛된 일이고 정신을 위해 일하는 것으로 족하다.

정신의 의기양양한 미덕들은 어디에 있는가? 니체 역시 이 미덕들을 중력의 악령에 대항하는 치명적인 적으로 열거한 바 있다. 니체에게 그것은 정신력의 힘, 취향, '세계', 고전적인 행복, 확고한 자부심, 현자의 냉철한 검소함이다. 이 미덕들은 그 어느 때보다도 필요하며 저마다 자신에게 적당한 것을 선택할 수 있다. 엄청난 일에 직면한 상황에서 어떤 일이 있어도 정신력이 가져다주는 힘을 잊지 않도록 하자. 나는 선거유세 연단 위에서 눈살을 찌푸리게 하거나 위협을 동반하는 정신력을 말하는 것이 아니다. 내가 말하고자 하는 것은 빛과 수액의 미덕으로 어떤 거센 바닷바람도 견디는 정신력이다. 그것이야말로 세상의 겨울 속에서 열매 맺을 준비를 하는 것이다.

(1940)

저승에 간 프로메테우스

맞수가 전혀 없는 신은 내게 어떤 결점이 있는 듯 보인다.
루키아노스의 《캅카스의 프로메테우스》

오늘날의 인간에게 프로메테우스는 무엇을 의미할까? 어쩌면 신들에 맞선 이 반역자는 현대인의 모델이고 수천 년 전 스키타이의 사막에서 일어난 이 항의는 오늘날 유례없는 역사적 격동 속에서 끝을 맺고 있다고 말할 수 있다. 그러나 동시에 그 박해받은 자가 우리 가운데서도 여전히 박해받고 있고 그가 보내는 고독한 신호인 인간적인 반항의 절규에 여전히 귀를 닫고 있다고 말할 수도 있다.

오늘날의 인간은 실제로 이 좁은 땅에서 엄청난 수로 무리 지어 고통받고 있는 존재이고 불과 음식도 없는 인간이며 자유란 그저 꿈만 꿀 수 있는 사치에 불과하다. 그리고 마치 자유와 자유의 마지막 증인들에게 유일한 문제가 점점 사라지는 듯이 이런 인간에게는 더 고통받는 것만이 문제일 뿐이다. 프로메테우스는 인간을 진정 사랑해서 불과 자유를, 기술과 예술을 동시에

건넸다. 그런데 인간은 오늘날 기술만 필요로 하고 기술에만 관심을 쏟는다. 인간은 기계 속에서 반항하고 예술과 그 필요조건들을 장애물이나 속박의 징후로 여긴다. 반면 프로메테우스의 특징은 기계와 예술을 분리하지 않는다는 점이다. 그는 우리의 몸과 영혼을 동시에 해방시킬 수 있다고 생각한다. 현대인은 영혼이 잠시 죽더라도 몸을 먼저 해방시켜야 한다고 믿는다. 그런데 영혼이 잠시만 죽는다는 것이 가능할까? 실제로 프로메테우스가 살아 돌아온다면 오늘날의 인간은 그때의 신들처럼 그가 최초의 상징이었던 휴머니즘의 이름으로 그를 바위에 못 박아 놓을 것이다. 그 패자를 모욕하던 적들의 목소리가 아이스킬로스(고대 그리스의 대표적인 비극 작가 - 역주)의 비극에서 울려 퍼지던 목소리, 다름 아닌 '힘'과 '폭력'의 목소리와 똑같을 것이다.

나는 인색한 시대, 앙상한 나무들, 세상의 겨울에 굴복하는 것일까? 빛을 향한 향수 자체가 내가 옳다는 것을 방증한다. 이 향수는 다른 세상, 내 진정한 고향에 대해 말해준다. 이것이 몇몇 사람들에게도 여전히 의미가 있을까? 전쟁이 일어난 해에 나는 다시 오디세우스의 항해 길을 똑같이 떠나보려고 했다. 당시에는 가난한 젊은이도 빛을 찾아 바다를 횡단하는 사치스러운 계획을 세울 수 있었다. 그러나 나는 다른 사람들이 그러하듯 배에 오르지 않았다. 나는 열린 지옥문 앞에서 발을 구르며 줄을 서 있던 행렬 속에 자리를 잡았다. 차츰 우리는 안으로 들어갔다. 무고한 자의 첫 비명이 들리고 문이 우리 뒤에서 쾅 닫혔다. 우리는 지옥에 들어섰고 절대로 다시 나가지 못했다. 6년이라는 긴 세월 동안 우리는 지옥에 적응하려고 애썼다. 행운의 섬에서 온 따스한 유령들은 불도 태양도 없는 미래의 또 다른 긴 세월 저편에서만 어른거렸다.

그러니 습하고 어두운 이 유럽에서 그리스로 떠나는 앙페르(프랑스의 문학 사학자이자 역사가 - 역주)에게 보내는 노년의 샤토브리앙(프랑스 낭만주의 문학을 대표하는 작가 - 역주)의 외침을 어떻게 후회와 통탄스러운 공감에 몸서리치면서 듣지 않을 수 있겠는가? "자네는 내가 아티카에서 본 올리브나무 한 잎과 포도 한 알도 보지 못할 걸세. 나는 내 시대의 풀조차도 그리워. 나는 히스 한 다발도 살릴 힘이 없었다네." 혈기 왕성한 피를 지녔다고 해도 우리 또한 이 마지막 세기의 끔찍한 노년에 갇혀, 때로는 모든 시절의 풀을, 그것만 보겠다고 찾아가지 않을 올리브나무의 잎, 그리고 자유의 포도를 그리워한다. 인간은 어디에나 있다. 도처에 인간의 절규와 고통, 그리고 위협이 있다. 그토록 많은 피조물이 모여 있는 가운데 이제 귀뚜라미가 있을 곳은 없다. 역사는 히스조차 자라지 않는 척박한 땅이다. 오늘날의 인간은 역사를 선택했지만 이제는 역사를 외면할 수도 없고 그래서도 안 된다. 그런데 역사를 통제하기는커녕 날마다 조금씩 역사의 노예가 되기를 자처하고 있다. 바로 이 지점에서 인간은 '대담한 생각과 가벼운 마음을 가진 아들' 저 프로메테우스를 배신한다. 프로메테우스가 구원하고자 했던 인간의 비참함으로 되돌아가는 것도 바로 이 지점이다. "마치 꿈속의 형상들처럼 그들은 보면서도 보지 못하고 들으면서도 듣지 못한다…."

그렇다, 프로방스의 어느 저녁, 완벽한 언덕, 소금 냄새만으로도 해야 할 모든 일이 아직 남아 있음을 충분히 깨닫게 된다. 우리는 불을 다시 발명해야 하고 몸의 허기를 달래기 위해 일터를 다시 세워야 한다. 아티카, 자유, 포도 수확, 영혼의 양식은 아직 먼 훗날을 위한 것이다. 우리가 할 수 있는 것은 자신에게 이렇게 외치는 것뿐이다. "그것들은 이제는 존재하지 않거나 존재하더라도 다른 이를 위한 것이다." 적어도 다른 이들이 좌절하지 않도록 우리가 해야 할 일을 하는 것뿐이다. 그토록 고통스러우면서도, 쓸쓸함 없이 받아들이려고 애쓰는 우리는 시대에 뒤처진 것일까, 아니면 너무 앞서간 것일까? 그리고 우리에게 히스를 되살릴 힘은 있는 것일까?

이 시대에 제기되고 있는 이 질문에 대해 프로메테우스가 내놓을 대답을 상상해 본다. 사실 그는 이미 이렇게 말한 바 있다. "오, 필멸의 인간들이여. 나는 너희에게 개혁과 회복을 약속하노라. 만약 너희들이 제 손으로 이룰 만큼 아주 능숙하고 덕이 있으며 강하다면." 구원이 정말로 우리 손에 달려 있다면 나는 이 시대의 질문에 '그렇다'라고 대답할 것이다. 내가 아는 몇몇 사람들에게서 숙고의 힘과 신중한 용기를 느끼기 때문이다. "오, 정의여, 오, 나의 어머니여, 당신은 지금 내가 겪고 있는 고통이 보이지 않으십니까?"라고 프로메테우스는 외친다. 그리고 헤르메스는 영웅을 조롱한다. "너는 예언의 신인데도 정작 네가 겪을 형벌을 예견하지 못했다니 놀랍도다." 이에 반항아가 대답했다. "나는 알고 있었노라." 내가 말하는 이 사람들도 정의의 자식들이다. 그들 역시 사정을 잘 알고도 모든 이의 불행에 대해 고통스러워한다. 그들은 눈먼 정의란 없으며 역사에는 눈이 달리지 않았으니 그 정의를 거부하고 가능한 정신이 구상한 정의로 대체해야 함을 분명히 알고 있다. 바로 이 지점에서 프로메테우스는 다시금 우리 시대 안으로 들어온다.

신화는 그 자체로는 생명력이 없다. 신화는 우리가 구현해 주기를 기다린다. 세상에서 단 한 사람이라도 그 부름에 응답하면 신화는 우리에게 온전한 생명의 진액을 내어줄 것이다. 우리의 할 일은 이 신화를 지키고 신화가 잠든 채 죽지 않도록 부활시키는 것이다. 나는 이따금 오늘날 인간의 구원이 허락될 수 있는지 의문스럽다. 그러나 이 인간의 자녀들은 아직 육체와 정신을 모두 구원받는 것이 가능하다. 동시에 행복의 기회와 아름다움의 기회를 제공하는 것도 가능하다. 만약 아름다움과 아름다움이 의미하는 자유 없이 살아가는 것에 체념해야 한다면 프로메테우스의 신화는 인간의 모든 손상은 일시적이고, 온전히 인간을 위한 일이 아니라면 누구를 위한 일도 아니라는 사실을 우리에게 상기시켜 주는 신화 중 하나일 것이다. 인간이 빵과 히스를 갈망하는 상황에서 빵이 더 절실한 것임이 사실이더라도 히스에 대한 추억을 간직하는 방법을 배우자. 가장 어두운 역사의 한가운데에서 프로메테우스의 인간들은 고된 노동을 멈추지 않으면서 땅과 끈질긴 히스에 눈을 떼지 않을 것이다. 결박당한 이 영웅은 신이 내린 번개와 천둥 속에서도 인간으로서 차분한 신념을 지킨다. 그래서 그는 묶여 있는 바위보다 더 단단하고 자신을 쪼아먹고 있는 독수리보다 인내심이 더 강하다. 신들에 대한 반항보다 우리에게 더 의미 있는 것은 이 오랜 끈기다. 어느 것과도 분리되지 않고 배제하지 않으려는 저 놀라운 의지야말로 인간의 고통스러운 마음과 세상의 봄을 언제나 화해시켜 왔고 앞으로도 화해시킬 것이다.

(1946)

과거 없는 도시들을 위한 짧은 안내서

알제의 부드러움은 차라리 이탈리아와 비슷하다. 오랑의 잔인한 눈부심은 스페인과 닮았다. 뤼멜 협곡 위쪽의 바위에 앉아 있는 콩스탕틴(알제리 3대 도시 중 하나로 동쪽에 있다-역주)은 톨레도(스페인의 옛 수도로 기독교와 유대교, 이슬람교가 공존한다-역주)를 떠오르게 한다. 그러나 스페인과 이탈리아는 추억과 예술 작품, 그리고 모범적인 유적들로 넘친다. 톨레도에는 엘 그레코(그리스 태생의 스페인 화가로 톨레도에서 작품 활동을 했다-역주)와 모리스 바레스(프랑스의 작가로 톨레도에 애정을 품고 있었다-역주)가 있었다. 그런데 내가 말한 도시들은 과거가 없다. 이렇듯 이 도시들은 버려지지도 감동을 주지도 않는 장소다. 지루한 낮잠 시간에 엄습하는 슬픔을 달랠 수 없고 애수도 없다. 아침의 햇빛이나 밤의 자연스러운 사치 속에서조차 기쁨은 오히려 달콤하지 않다. 이 도시들은 성찰을 위한 어떤 것도 내주지 않고 오직 열

여름 113

정에만 모든 것을 내준다. 지혜나 미묘한 취향과도 어울리지 않는 도시들이다. 바레스나 그와 비슷한 사람들은 이곳에서 기진맥진할 것이다.

열정적인 (타인을 향한 열정) 여행자들, 지나치게 신경이 예민한 지성인들, 탐미주의자들, 신혼부부들은 알제리 여행에서 얻을 것이 아무것도 없다. 절대적인 소명이 없다면 누구에게도 이곳에서 영원히 은둔하라고 권할 수 없다. 가끔 파리에서 내가 존중하는 사람들이 알제리에 관해 묻는다면 나는 이렇게 소리치고 싶어진다. "거기 가지 마세요." 농담이지만 진심은 어느 정도 담겨 있다. 그들이 그곳에서 무엇을 기대하는지 알지만 그것을 결코 얻지 못할 것도 잘 알기 때문이다. 동시에 나는 이 나라의 명성과 은밀한 힘을 안다. 이 나라는 머뭇거리는 사람들을 붙잡아 두고 옴짝달싹 못 하게 하며 우선 질문할 모든 권리를 박탈한 뒤에 결국 매일 일상에서 잠들게 하는 교묘한 방법을 알고 있다. 이 나라의 빛은 너무도 눈이 부셔서 도리어 눈앞을 캄캄하고 하얗게 만들어 처음에는 그 속에서 숨이 막힐 듯하다. 그 속에 자신을 내맡기고 묶어버리고 나서야 오랜 눈부심이 영혼에는 아무 도움이 되지 않고 그저 지나친 쾌락일 뿐이라는 것을 마침내 깨닫는다. 그러면 다시 정신으로 돌아가고 싶어진다. 그러나 이 나라 사람들은 정신보다는 마음이 우선인 것 같다. 그것이 그들의 힘이기도 하다. 그들은 당신의 친구가 될 수 있지만 (얼마나 좋은 친구인지!) 속마음을 털어놓을 정도의 친구는 아니다. 영혼을 평평 쓰고 분수와 조각상, 그리고 정원 사이에서 비밀 이야기의 물줄기가 조용히 흐르는 프랑스 파리에서라면 그런 친구는 두렵게 여겨질 것이다.

이 땅은 스페인과 가장 많이 닮았다. 그러나 전통이 없다면 스페인은 아름다운 사막일 뿐이다. 우연히 그곳에서 태어난 것이 아니라면 영원히 사막 속에 은둔하겠다는 사람은 특정 부류일 뿐이다. 나는 이 사막에서 태어났기에 방문객처럼 사막에 대해 말할 수 없다. 깊이 사랑한 여인의 매력을 일일이 나열할 수 있는 사람이 어디 있을까? 그럴 수 없다. 이렇게 말해도 될지 모르겠지만 입술을 삐쭉거리는 모습이나 머리를 흔드는 모습처럼 정확하게 마음이 가는 한두 가지뿐만 아니라 그 전체를 사랑하는 것이다. 그렇게 나는 알제리와 아마도 끝나지 않을 긴 인연을 맺었고 그런 이유로 알제리를 완전히 냉정하게 바라볼 수 없다. 다만 계속 전념하다 보면 조금은 추상적인 방식으로 좋아하는 것 속에서 좋아하는 것들을 세세하게 구별할 수는 있다. 내가 여기서 알제리에 관해 시도할 수 있는 것은 교과서로 연습 풀이를 하는 것과 같은 것이다.

무엇보다 이곳의 젊은이들은 아름답다. 아랍인들이 대부분이고 다른 민족도 있다. 알제리의 프랑스인들은 예기치 못한 결합으로 이루어진 혼혈이다. 스페인인들, 알자스인들, 몰타인들, 유대인들, 그리고 그리스인들이 그곳에서 만났다. 이런 적나라한 혼혈은 미국처럼 좋은 결과를 낳았다. 알제 거리를 거닐면서 여성들과 젊은 남성들의 손목을 보고, 파리 지하철에서 마주치는 사람들을 보라.

아직 젊은 여행자라면 이곳의 여성들이 아름답다는 것도 알게 될 것이다. 이를 가장 잘 실감할 수 있는 곳은 알제의 미슐레 거리에 있는 대학 카페의 테라스다. 다만 4월의 어느 일요일 아침에 그곳에 가야 한다. 샌들을 신고 가볍고 화사한 옷을 입은 젊은 여성들이 무리를 지어 거리를 오르내린다. 부끄러워 말고 그녀들을 보며 마구 감탄해도 된다. 그런 이유로 그녀들도 그곳에 온 것이니까. 오랑에서 갈리에니 대로에 있는 생트라 술집 역시 관찰하기 좋은 장소다. 콩스탕틴에서는 야외음악당 주변을 어슬렁거리면 된다. 바다가 수백 킬로미터 떨어져 있어서인지 그곳에서 마주치는 사람들에게는 어딘가 아쉬운 구석이 있을 것이다. 대체로 이런 지리적 특성 때문에 콩스탕틴은 즐길 거리는 적지만 권태의 질은 한층 더 섬세하다.

여름에 온 여행자라면 모름지기 도시를 둘러싸고 있는 해변에 먼저 가봐야 한다. 거기서 비슷한 젊은이들을 보게 되는데 그들은 옷을 덜 입고 있어서 더 눈부시게 보인다. 태양에 눈이 부셔 그들의 눈은 마치 나른한 동물의 눈처럼 보인다. 그런 점에서 오랑의 해변들은 가장 아름답다. 자연과 여성들이 더 야성적이기 때문이다.

볼거리라면 알제에는 아랍 도시가 있고, 오랑에는 흑인 마을과 스페인 지역이, 콩스탕틴에는 유대인 지역이 있다. 알제에는 바다를 따라 긴 대로가 목걸이처럼 이어져 있다. 이곳은 밤에 거닐어야 한다. 오랑에는 나무가 별로 없는 대신 세상에서 가장 아름다운 돌들이 있다. 콩트탕틴에는 사진 찍기 좋은 현수교가 있는데 바람이 거세게 부는 날에는 뤼멜 협곡 위에 매달려 있는 흔들다리에서 스릴을 느낄 수 있다.

감성적인 여행자라면 이렇게 추천하고 싶다. 알제에 간다면 항구의 아치 밑에서 아니스 술을 마시고 아침에는 어시장에 가서 갓 잡아 숯불에 구운 생선을 먹는다. 이제 이름은 기억나지 않지만 라 리르 거리에 있는 작은 카페에 가서 아랍 음악을 듣고 저녁 6시가 되면 구베르느망 광장에 있는 오를레앙 대공 동상 아래 땅바닥에 앉아보라(대공 때문이 아니라 지나다니는 사람들이 많아 활기찬 곳이기 때문이다). 점심은 바닷가 기둥 위에 지어진, 일종의 댄스홀 같은 파도바니 식당에서 먹어보라고 권하고 싶다. 그곳에서는 언제나 삶이 평온하게 느껴진다. 아랍인들의 묘지를 찾아가 보는 것도 좋다. 먼저 평온과 아름다움을 마주할 수 있고, 그런 다음 우리의 망자들을 안치한 불쾌한 공동묘지의 가치를 제대로 헤아려보기 위해서다. 카스바의 정육 거리에서는 비장, 간, 장간막과 핏방울이 사방에 듣는 허파들 사이에서 담

배를 한 대 피워보길 바란다(중세시대처럼 냄새가 지독한 이곳에서는 담배가 꼭 필요하다).

그 외에도 오랑에 있을 때는 (오랑 항구의 상업적 우월성을 강조하면서) 알제를 헐뜯을 줄 알아야 하고, 알제에 있을 때는 (오랑 사람들은 '인생을 모른다'는 말에 맞장구를 치면서) 오랑을 비난해야 한다. 그리고 어떤 경우라도 프랑스 본토보다 알제리가 더 우월하다는 점을 겸손하게 인정해야 한다. 이렇게 한 발짝 물러서면 프랑스인보다 알제리인이 실제로 더 우월하다는 사실을 깨닫게 될 것이다. 다시 말해 그들의 한없는 관대함과 타고난 환대를 발견할 것이다.

나도 이제 여기서 모든 아이러니를 멈추는 것이 좋을 듯하다. 결국 우리가 사랑하는 것에 대해 말하는 가장 좋은 방법은 그것에 대해 단순하게 말하는 것이다. 알제리에 관해서라면 내 안에서 알제리와 연결된 줄을 건드려, 익히 알고 있는 맹목적이고 깊은 울림을 소리 낼까 봐 항상 걱정된다. 그러나 최소한 이렇게는 말할 수 있다. 알제리는 내 진정한 조국이고 세상의 어느 곳에서든 나를 맞이하며 그들이 짓는 우정의 미소를 보기만 해도 그들을 알아볼 수 있다. 그렇다, 내가 알제리 도시에서 사랑하는 것을 그곳에 사는 사람들과 분리해서 생각할 수 없다. 그래서 나는 저녁 무렵, 집과 사무실들이 수다스러운 인파를 쏟아내는 아직은 어스름한 거리로 나온다. 군중의 물결은 결국 바다 앞 대로까지 흘러간다. 밤이 깊어지면서 하늘의 별빛, 해안의 등대, 도시의 조명이 너울거리며 점차 하나가 되어감에 따라 사람들은 침묵하기 시작한다. 한 민족이 물가에 모여 묵상에 빠지고 수천 가지의 고독이 군중 속에서 솟아오른다. 그렇게 아프리카의 위대한 밤이, 장엄한 유배가, 고독한 여행자를 기다리는 절망적인 열정이…

아니다, 진정 당신의 마음이 미온적이고 당신의 영혼이 가련한 짐승에 불과하다면 절대 가지 말기를! 다만 긍정과 부정, 정오와 자정, 반항과 사랑 사이에서 갈등을 겪은 사람들을, 바닷가의 장작더미를 사랑하는 사람들을 기다리는 불꽃이 그곳에 있다.

(1947)

추방된 헬레네*

지중해는 안개 속 비극과는 다른 태양 아래 비극을 지닌다. 어느 저녁, 산기슭 주변의 바닷가에서 작은 만의 완벽한 곡선 위로 밤이 내려오면 고요한 물결에서 불안한 충만함이 솟아오른다. 우리는 만약 그리스인들이 절망에 이르렀다면 그것은 언제나 아름다움과 아름다움이 지닌 억압적인 특성 때문이라는 것을 이해하게 된다. 이 황금빛 고통 속에서 비극은 절정에 달한다. 반면 우리 시대는 추악함과 격동 속에서 절망을 키웠다. 그래서 만약 고통이 비천해질 수 있다면 유럽은 비천해질 것이다.

우리는 아름다움을 추방했지만 그리스인들은 아름다움을 위

---

* 그리스 신화에 등장하는 절세 미녀로, 스파르타의 왕 메넬라오스의 아내다. 트로이의 왕자 파리스가 그녀를 납치하여 트로이 전쟁의 원인이 되었다 - 역주

해 무기를 들었다. 이것이 첫 번째 차이점으로, 아주 오래전부터 존재해 왔다. 그리스 사상은 언제나 한계라는 개념에 뿌리를 두었다. 그 사상은 신성도 이성도 끝까지 밀어붙이지 않았다. 신성도 이성도 부정하지 않았기 때문이다. 그리스 사상은 어둠을 빛으로 균형을 맞추면서 만물을 고려했다. 반면 우리 유럽은 전부를 정복하려고 달려드는 과욕의 자식이다. 유럽은 자기가 찬양하지 않는 모든 것을 부정하듯 아름다움을 부정한다. 유럽은 비록 방식은 저마다 다르지만 이성이 지배하는 미래의 제국 하나만을 찬양한다. 광기 속에서 영원한 한계를 제쳐두고 그 순간, 어두운 복수의 여신 에리니에스(그리스 신화에 나오는 세 자매로, 복수와 저주의 여신들-역주)가 유럽에 달려들어 갈기갈기 찢어놓는다. 네메시스는 율법의 여신이지 복수의 여신은 아니어서 이를 그저 지켜볼 뿐이다. 한계를 넘어서는 모든 자는 네메시스에게 가차 없이 벌을 받는다.

수 세기 동안 그리스인들은 정의가 무엇인지 고민했지만 우리가 생각하는 정의에 대해서는 아무것도 이해할 수 없을 것이다. 그들에게 공정함이란 어느 한계를 전제로 했지만 우리 대륙 전체이기를 바라는 정의를 추구하느라 몸부림치고 있다. 그리스 사상의 여명기에서 철학자 헤라클레이토스는 이미 정의가 물질계 자체를 한계로 설정한다고 생각했다. "태양은 자신의 경계를 넘지 않을 것이다. 그렇지 않으면 정의를 수호하는 에리니에스들이 그를 찾아낼 것이다." 우리는 우주와 정신의 경계를 벗어났음에도 이런 경고를 가볍게 넘긴다. 우리는 취한 하늘에 우리가 원하는 태양을 밝혀두고 있다. 그러나 한계는 여전히 존재하고 우리는 그 사실을 알고 있다. 극단적인 광기에 빠져 있을 때조차도 우리는 이미 뒤로 제쳐뒀지만 순진하게도 여러 실수 끝에 균형을 되찾게 될 것이라고 믿는다. 치기 어린 자만이고, 우리의 광기를 물려받은 유치한 민중이 오늘날 우리 역사를 이끄는 것을 정당화한다.

헤라클레이토스가 쓴 한 잠언은 간단히 말한다. "자만은 진보의 퇴행이다." 이 에페수스 출신의 철학자 이후에 여러 세기가 흐른 후 소크라테스는 사형 선고의 위협에 직면해서도 모르는 것을 아는 척한 적은 없다며 그 사실의 우월성만을 인정했다. 수 세기에 걸친 가장 모범적인 삶과 사유는 이렇게 당당히 무지를 고백하는 것으로 끝을 맺었다. 우리는 이런 사실을 잊으면서 우리의 당당함도 잊었다. 우리는 위대함을 흉내 내는 권력을 선택했다. 처음에는 알렉산드로스 대왕을, 그 뒤에는 교과서 저자들이 비할 바 없는 저속함으로 숭배하라고 가르친, 로마의 정복자들을 말이다. 우리도 차례가 되어 정복했고 한계선을 옮겼으며 하늘과 땅을 지배했다. 우리 이성은 세상 만물을 비워버렸다. 마침내 우리는 홀로 남게 되었고 사막 위에서 우리의 제국을 완성하고 있다. 자연이 역사, 아름다움, 선善과의 조화, 유혈의 비극 속에까지 수(數)의 음악을 스며들게 했던 고귀한 균형을 우리가 어찌 상상할 수 있겠는가? 우리는 자연에 등을 돌리고 아름다움을 부끄러워한다. 우리의 비참한 비극들은 사무실 악취와 걸쭉한 잉크 색처럼 피비린내를 풍긴다.

그런 이유로 오늘날 우리가 그리스의 자식이라고 주장하는 것은 옳지 못하다. 오히려 우리는 배신자의 후예다. 역사를 신의 옥좌에 올려놓고 신정정치로 향하고 있다. 마치 그리스인들이 살라미스 해전에서 죽을 때까지 싸워 물리친 야만인들처럼 말이다. 우리와 그리스인들의 차이를 이해하려면 플라톤의 진정한 맞수인 우리 시대의 철학자들에게 주목해야 한다. "오직 근대 도시만이 정신에 스스로를 자각할 수 있는 터전을 제공한다."라고 헤겔은 대담히 쓴 바 있다. 이렇게 우리는 대도시의 시대를 살고 있다. 세상을 영원하게 만드는 자연, 바다, 언덕, 저녁의 명상을 의도적으로 잘라냈다. 이제 의식은 거리에만 존재한다. 거리에서만 역사가 존재하기 때문이다. 명령도 이런 명령이 없다. 그에 따라 가장 의미 있는 우리의 작품들 역시 같은 태도를 보여준다. 도스토옙스키 이후 유럽의 위대한 문학에서 풍경을 찾으려 해도 헛일이다. 역사는 그 이전에 존재했던 자연 세계도, 우위에 있는 아름다움도 설명하지 않는다. 그래서 역사는 이를 무시하기로 했다. 플라톤은 무의미, 이성, 신화를 포함해 모든 것을 다뤘지만 우리의 철학자들은 무의미나 이성만 다룰 뿐이다. 그 나머지 것들은 외면했기 때문이다. 두더지가 명상하는 꼴이다.

세상에 대한 성찰을 영혼의 비극으로 대체하기 시작한 것은 기독교이다. 그러나 적어도 영혼의 본성을 참조했고 그것을 통해 일정한 불변성을 유지했다. 신은 죽었고 역사와 권력만이 남았다. 오랫동안 우리 철학자들은 인간 본성이라는 개념을 상황의 개념으로 대체하고 고대의 조화는 무질서한 충동이나 이성의 거침없는 충동으로 대체하는 데 모든 노력을 쏟았다. 그리스인들이 의지에 이성으로 한계를 부여했던 반면 우리는 결국 이성의 중심에 의지의 충동을 두었고 그 결과는 치명적이었다. 그리스인들에게 가치란 모든 행동에 앞서 존재하는 것으로 정확히 그 한계를 정의했다. 반면 현대 철학은 그 가치를 행동 끝에 둔다. 즉 가치는 미리 존재하는 것이 아니라 생성되는 것이고 우리는 역사가 완성된 순간에야 비로소 그것을 온전히 알 수 있을 것이다. 가치란 무엇인가에 대한 개념이 저마다 다르기에 가치와 함께 한계는 사라진다. 이런 가치에 제약이 없으면 어떤 투쟁도 끝없이 이어지기 때문에 오늘날 메시아주의자들은 서로 대립하고 그들의 아우성은 제국 간의 충돌 속에 뒤섞인다. 헤라클레이토스에 따르면 지나침은 불과 같다. 불은 번지면서 니체를 삼켜버렸다. 이제 유럽 철학은 망치질이 아니라 대포를 쏘고 있다.

그런데도 자연은 여전히 그 자리에 있다. 인간의 광기에 맞서 고요한 하늘과 이치를 내세운다. 원자탄이 폭발하고 역사가 이성의 승리와 인류의 단말마 속에서 끝날 때까지 말이다. 그러나 그리스인들이 한계는 결코 넘을 수 없다고 말한 적은 없다. 다만 그들은 한계가 엄연히 존재하고 그 한계를 넘으려는 자는 가차 없이 처벌받을 것이라고 말했다. 오늘날의 역사에서 그들의 말에 반박할 수 있는 것은 아무것도 없다.

역사적 정신과 예술가들은 모두 다른 세상을 만들고자 한다. 그러나 예술가들은 그 본성에서 비롯된 의무감으로 자신들의 한계를 알고 있지만 역사적 정신은 이를 인식하지 못한다. 그래서 역사의 목적은 폭정이지만 예술가들의 열정은 자유가 된다. 오늘날 자유를 위해 싸우는 이들은 모두 결국에는 아름다움을 위해 싸우는 것이다. 물론 아름다움 자체를 옹호하려는 것은 아니다. 아름다움은 인간 없이 존재할 수 없으며 우리는 오직 인간의 불행을 따르면서 비로소 우리 시대에 위대함과 평온함을 부여할 수 있다. 우리는 더 이상 고독한 존재가 아닐 것이다. 그러나 인간이 아름다움 없이는 살아갈 수 없다는 것은 여전히 사실이며 바로 이것이 우리 시대가 애써 외면하려는 점이다. 이 시대는 절대와 제국에 도달하기 위해 경직되어 있고 세상을 만끽하기도 전에 그것을 변화시키려고 하며 이해하기도 전에 명령하려고 한다. 어쨌든 우리 시대는 이 세상을 황폐하게 만들고 있다. 오디세우스는 칼립소(그리스 신화에 등장하는 요정 - 역주)의 섬에서 불멸의 삶과 고향의 땅 중에서 선택할 수 있었다. 그는 고향을 선택했고 그곳에서 죽기로 했다. 그토록 단순한 위대함은 오늘날 우리에게 익숙하지 않은 것이다. 어떤 이들은 우리가 겸손하지 못하다고 말할 것이다. 그러나 이 말은 아무래도 모호하다. 도스토옙스키의 광대들이 모든 것에 자신만만해하며 별까지 올라갔다가 결국 떨어지는 망신을 당한 것처럼 우리도 그 한계에 충실하고 자신의 처지를 냉철하게 사랑하는 자긍심이 부족하다.

생텍쥐페리는 죽기 직전에 "나는 내 시대를 증오한다."라고 썼다. 그 이유는 내가 말한 바와 크게 다르지 않다. 그러나 그는 인간을 존경스러운 존재로 여기고 사랑했기에 우리는 이 말을 받아들이기 어렵다. 어떤 순간에는 이 삭막하고 메마른 세상에 등을 돌리고 싶어지는 유혹이란 얼마나 큰가! 그러나 이 시대는 우리의 시대이며 우리는 자신을 증오하며 살아갈 수 없다. 이 시대가 이토록 추락한 것은 거대한 결점들 때문이 아니라 그에 못지않게 미덕들이 지나쳤기 때문이다. 우리는 먼 과거에서 온 미덕을 위해 싸울 것이다. 그렇다면 어떤 미덕일까? 파트로클로스가 전투에서 죽자 그 말들은 죽은 주인을 위해 울었다. 모든 것을 잃은 것이다. 그러나 우정이 살해되어 분노한 아킬레우스(그리스 신화 속에서 파트로클로스와 아킬레우스는 절친한 친구 사이다. 전투에서 파트로클로스가 사망하자 복수를 위해 아킬레우스는 다시 전장으로 나간다-역주)와 함께 전투는 다시 시작되고 끝내 승리한다. 우정은 하나의 미덕이다.

무지의 인정, 맹신 거부, 세상과 인간의 한계, 사랑받는 얼굴, 결국 아름다움. 이것이 우리가 그리스인들과 함께할 진영이다. 어떤 의미에서 내일의 역사적 의미는 사람들이 생각하는 것과는 다르다. 그것은 창조와 종교재판 간의 싸움에 있다. 예술가들은 빈손으로 시작해서 치를 대가가 아무리 크다 할지라도 그들의 승리를 기대할 수 있다. 다시 한번 어둠의 철학은 빛나는 바다 위로 흩어질 것이다. 오, 정오의 사유여, 트로이 전쟁은 전장에서 멀리 떨어져 벌어진다! 이번에도 현대 도시의 끔찍한 벽은 무너지고 '바다의 고요처럼 평온한 영혼'인 헬레네의 아름다움이 드러날 것이다.

(1948)

수수께끼

―――

하늘 꼭대기에서 떨어진 햇빛의 물결이 우리 주변 들판 위로 거칠게 튕겨 오른다. 모든 것이 이 소동 앞에서 침묵하고 저 멀리 뤼베롱 산맥은 내가 끊임없이 듣고 있는 거대한 침묵 덩어리에 불과하다. 귀를 기울이면 저 멀리서 사람들이 나를 향해 달려오고, 보이지 않는 친구들이 나를 불러주기에 내 기쁨은 커진다. 수년 전과 똑같은 기쁨이다. 다시 한번 행복한 수수께끼 덕분에 나는 모든 것을 이해하게 된다.

세상의 부조리는 어디에 있는가? 찬란한 빛인가, 아니면 빛이 없던 날의 추억인가? 추억 속에 이토록 많은 태양이 있는데 내가 어찌 무의미에 기대를 걸 수 있었을까? 내 주변 사람들이 놀라고 나 역시도 때로는 놀란다. 나는 사람들에게 대답할 수 있고 스스로에게도 대답할 수 있을 것이다. 바로 그 태양이 나를 거들었고 그 빛이 너무도 강렬해 캄캄한 눈부심 속에서 우주와 그

형태들을 응고시켰다고 말이다. 그러나 이 말은 다르게 표현할 수도 있는데, 내게 언제나 진리의 빛이었던 흑백의 빛 앞에서 내가 너무도 잘 알고 있기에 막무가내로 논할 수 없는 부조리라는 것에 대해 나는 그저 설명해 보고 싶다. 결국 부조리에 관한 이야기는 우리를 다시 태양으로 이끌 것이다.

그 누구도 자신이 어떤 사람인지 말하지 못한다. 그러나 때로는 어떤 사람은 아니라고 말할 수 있다. 누군가 여전히 찾고 있다면 사람들은 그가 결론 내렸기를 바란다. 수많은 목소리가 이미 그가 찾아냈다고 알려주지만 그렇지 않다는 것을 그도 알고 있다. 계속 찾아다니는 와중에 남들이 뭐라고 하든 내버려 둬야 할까? 물론이다. 그러나 때로는 자신을 방어하기도 해야 한다. 내가 찾는 것이 무엇인지 나 역시 모른다. 그것에 조심스럽게 이름을 붙였다가 취소하기를 반복하면서 전진하는가 하면 후퇴한다. 그런데도 이번에는 이름을 붙이라며 나를 압박한다. 그럴 때 나는 저항한다. 이름을 붙인 것은 벌써 이미 잃어버린 것이 아니던가? 적어도 내가 말해볼 수 있는 것은 이런 것이다.

내가 신뢰하는 친구가 말하길, 남자는 항상 두 가지 성격을 지닌다고 한다. 하나는 자신의 것이고 다른 하나는 그의 아내가 부여한 성격이다. 여기서 아내를 사회로 대체해 보자. 한 작가가 어떤 문장을 감정 전체의 맥락에 연결했다. 그런데 논평자들이 그 연결을 끊어버렸고 그로 인해 작가가 다른 주제에 관해 이야기하고 싶어도 그때마다 그 표현이 반복적으로 제시되는 상황이 벌어진다는 것을 이해하게 될 것이다. 말이란 행동과 같다. "당신이 이 아이의 아버지인가요?" "그렇소." "그렇다면 이 아이는 당신의 아들이군요." "그렇게 간단한 문제가 아니에요, 그렇게 간단하지 않다고요!" 그렇게 제라르 드 네르발(19세기 프랑스 시인이자 작가-역주)은 어느 암울한 밤에 두 번이나 목을 맸다. 처음에는 불행 때문에 그다음에는 몇몇 사람들에게 삶의 위안이 되는 자신의 전설을 위해. 누구도 진정한 불행에 대해 어떤 행복에 대해, 글을 쓸 수 없다. 나 또한 시도하지 않을 것이다. 그러나 전설에 대해서는 묘사할 수 있고 최소한 잠시나마 전설을 극복했다고 상상할 수 있다.

작가는 대체로 읽히기 위해 글을 쓴다(그 반대라고 말하는 이들이 있다면 그런 생각을 하는 것이 놀랍지만 그 말을 믿지는 말자). 그러나 작가는 점점 더 우리에게 읽히지 않는다는 궁극의 성취를 얻기 위해 글을 쓴다. 대중적인 언론에 흥미로운 기삿거리를 제공하는 많은 사람에게 이름이 알려질 가능성이 크지만 대중은 그저 이름만 알고 그에 관한 글을 읽는 것으로 만족하기에 결코 그의 작품을 읽으려 하지 않을 것이다. 그러면 작가는 어떤 사람인지가 아니라 기자가 성급하게 만들어낸 이미지에 따라 알려지게 (그리고 잊히게) 된다. 문학계에서 유명해지기 위해 이제 그는 더 이상 책을 쓸 필요는 없다. 저녁 뉴스에 소개되고 난 뒤 베개 용도로 쓰일 작품 하나만 써도 충분하다.

아마도 명성은 높든 낮든 대부분 부당하게 얻은 것일 거다. 그렇다고 뭐 어쩌겠는가? 이런 불편함이 오히려 도움이 될 수 있다는 점을 먼저 인정하자. 의사들은 때에 따라 특정 질병들이 바람직할 수 있음을 알고 있다. 그런 질병들이 없었다면 더 심각한 불균형으로 이어질 수 있는 기능적 장애를 나름대로 상쇄해 준다. 이렇듯 유익한 변비와 하늘이 도운 관절염도 있을 수 있다. 오늘날 모든 공적 활동을 변덕스러운 바다에 빠뜨리는 말과 성급한 판단의 범람은 적어도 프랑스 작가에게 끊임없이 필요한 겸손을 가르쳐준다. 이 나라에서 작가라는 직업을 지나치게 중시하는 것과는 달리 말이다. 우리가 익히 알고 있는 두세 개의 신문에서 자신의 이름을 본다는 것은 너무 힘든 시련이어서 그만큼 반드시 영혼에 몇 가지 이로움을 가져다준다. 그러므로 사회가 별것 아닌 위대함을 찬양함으로써 그 위대함이 보잘것없다는 것을 우리에게 매일 저렴하게 가르쳐주니 이 사회에 고마워하자. 사회가 내는 소음은 클수록 빨리 사라진다. 그것은 교황 알렉산드르 6세가 속세의 모든 영광은 지나가는 연기와 같다는 것을 잊지 않기 위해 자기 앞에서 종종 피웠던 삼 부스러기 불을 떠오르게 한다.

이제 아이러니는 접어두자. 예술가라면 본인에게 합당하지 않은 어떤 이미지가 치과나 이발소 대기실에서 발에 차여도 기꺼이 받아들여야 한다는 것만 말해두자. 나는 한때 유명했던 어떤 작가를 알고 있었는데 그는 매일 밤 술잔치를 여는 것으로 소문이 자자했다. 그 잔치에는 요정들이 머리카락만 두르고 검은 손톱을 드러낸 짐승들이 등장한다. 그런데도 그가 어떻게 도서관의 여러 서가를 차지할 만큼의 작품을 쓸 시간이 있었는지 사람들이 의문을 품었을 법도 하다. 실제로 이 작가는 많은 동료와 마찬가지로 책상에 앉아 매일 긴 시간 글을 쓰기 위해 밤에는 잠을 자고 간을 보호하려고 생수를 마신다. 그런데도 사막처럼 금욕적이고 청결에 까다로운 보통의 프랑스인은 우리 작가 중 어떤 작가는 술에 취해야 하고 씻지 말아야 한다고 가르친다며 분개한다. 그런 예시는 얼마든지 있다. 나만 해도 적은 대가로 엄격한 명성을 얻는 비결을 하나 알려줄 수 있다. 실제로 나는 이 명성에 따른 짐을 지고 있는데 내 친구들은 이를 두고 (나로서는 얼굴이 화끈거릴 지경이다. 그만큼 내게는 부당한 명성임을 알고 있다.) 한바탕 웃어댄다. 가령, 존경받지 못하는 신문사 국장이 내게 저녁 식사를 제안하면 정중히 거절하는 것만으로 충분하다. 아닌 게 아니라 단순한 단정함은 영혼 속에 어딘가에 비뚤어진 질병 없이는 상상할 수 없다. 게다가 국장과의 저녁 약속을 거절한 이유가 그를 존경하지 않기 때문일 수도 있지만 실제로는 세상에서 가장 싫어하는 것이 그런 자리고, 너무도 지루해서 거절했을 수도 있다는 생각까지는 아무도 하지 않을 것이다. 그리고 파리식 저녁 식사만큼 지루한 것이 어디에 또 있을까?

그러니 체념할 수밖에 없다. 그러나 때로 과녁을 바꿔 볼 수는 있다. 이를테면 언제까지나 부조리에 대해서만 그리는 화가일 수 없고 아무도 절망적인 문학을 믿지 않는다고 되뇌어 볼 수 있다. 물론 부조리를 주제로 수필을 쓰거나 이미 썼을 수 있다. 그러나 근친상간에 대해 글을 썼다고 해서 가련한 여동생에게 달려들었다는 의미는 아니다. 소포클레스가 아버지를 죽이고 어머니를 욕보였다는 글은 어디에서도 읽은 적이 없다. 작가라면 모름지기 자신에 관해서 글을 쓰고 자신의 책 속에 자신을 그린다는 생각은 낭만주의가 우리에게 남긴 유치한 유산 중 하나다. 반대로 예술가는 타인들이나 자기 시대, 친숙한 신화들에 먼저 관심을 가질 수 있다는 점을 배제하지 말아야 한다. 설령 그가 자신을 작품에 등장시켜 실제로 있는 그대로의 자신에 대해 말하는 경우는 예외로 칠 수 있다. 한 인간의 작품은 흔히 그의 향수나 유혹의 역사를 대부분 되짚을 뿐, 결코 자신의 실제 이야기는 아니다. 특히 작품들이 자서전임을 가장할 때는 더욱 그렇다. 자신을 있는 그대로 작품에 그려내는 용기 있는 작가는 없었다.

가능하다면 오히려 나는 객관적인 작가가 되고 싶었다. 내게 객관적인 작가란 자신을 대상으로 삼지 않고 주제를 설정하는 작가다. 작가와 주제를 혼동하는 동시대의 집착은 작가에게 이러한 상대적인 자유를 허용하지 않는다. 그래서 결국 부조리의 예언자가 되고 만다. 그런데 내가 한 일이라고는 내 시대의 거리에서 발견한 생각에 대해 추론하는 것 말고 또 있던가? 내가 이런 생각을 내 세대와 함께 키워왔다는 것은 (그리고 지금도 내 일부가 여전히 그것을 품고 있다는 것은) 자명한 일이다. 단지, 그 앞에서 그 생각을 다루고 그 논리를 결정하기 위해 일정한 거리가 필요했을 뿐이다. 내가 그 후에 썼던 모든 글이 이를 여실히 보여준다. 그러나 미묘한 차이보다는 공식을 사용하는 것이 더욱 편리하다. 사람들은 공식을 선택했고 나는 여전히 부조리하다.

  굳이 더 말할 필요가 있을까? 내가 관심을 가지고 글을 썼던 경험에서, 부조리가 아무리 그 추억과 감동이 이후로도 내 생각들을 따라다녔다고 하더라도, 단지 출발점으로만 간주된다는 사실을 또 말할 필요가 있을까? 마찬가지로 모든 확률을 철저히 감안하더라도 데카르트의 방법론적인 회의는 결코 그를 회의론자로 만들지 못했다. 어쨌든 모든 것이 의미가 없고 모든 것에 절망해야 한다는 생각에만 갇혀 살 수 있겠는가. 사물의 본질까지 들여다보지 않더라도, 절대적인 유물론은 존재하지 않는다. 유물론이라는 말이 성립하려면 이미 세상에 물질 이상의 무언가가 존재하기에 절대적인 완전한 허무주의도 존재하지 않는다는 것을 알 수 있기 때문이다. 모든 것이 무의미하다고 말하는 순간부터 의미가 있는 무언가를 표현하는 셈이다. 세상에 어떤 의미도 부여하지 않으려는 것은 결국 모든 가치 판단을 없애는 것과 같다. 그러나 산다는 것, 예를 들어 음식을 먹는다는 것 자체가 이미 하나의 가치 판단이다. 죽지 않기로 한 순간부터 계속 살아가기로 선택했고 적어도 상대적으로는 삶의 가치를 인정하게 된 셈이다. 그렇다면 절망의 문학은 무엇을 의미하는 것일까? 절망은 침묵한다. 그 침묵조차도 결국 눈이 말할 수 있다면 여전히 의미를 지닌다. 진정한 절망은 고통, 무덤 또는 심연이다. 만약 절망이 말을 하고 이성적으로 생각하고 무엇보다 글을 쓴다면 그때 바로 형제가 우리에게 손을 내밀고 나무는 정당화되며 사랑은 태어난다. 그래서 절망의 문학은 용어 자체가 모순이다.

물론 낙관주의는 내 소관이 아니다. 나는 내 또래 사람들과 함께 제1차 세계대전의 북소리를 들으며 성장했고 그 이후로도 우리의 역사는 살인, 불의, 폭력으로 계속 점철되어 있었다. 그러나 진정한 비관주의란 그토록 많은 잔혹함과 악행에 대해 한 술 더 뜨는 것이다. 나로서는 이런 모욕과 싸우기를 멈춘 적이 없고 내가 증오하는 것은 오직 잔인한 자들이다. 우리의 허무주의가 가장 어두울 때 나는 오직 그 허무주의를 넘어설 이유를 찾으려고 했다. 그것은 결코 미덕이나 드문 영혼의 고양을 위해서가 아니었다. 그보다는 내가 태어난 빛에 본능적으로 충실했기 때문이었다. 그 빛 속에서 인간들은 수천 년 전부터 고통 속에서도 삶을 찬양하는 법을 배웠다. 아이스킬로스는 종종 절망감을 안겨주지만 그는 빛을 발하고 우리를 따뜻하게 한다. 그의 세계 중심에서는 우리가 찾은 것은 빈약한 무의미가 아니라 수수께끼였다. 우리에게 그 수수께끼는 너무도 눈이 부셔서 제대로 해독하지 못하는 어떤 의미다. 마찬가지로 이 삭막한 세기에서 살아남은, 못난 자식이지만 그리스에 끈질기게 충실한 후손들은 우리 역사의 상흔을 견디기 어려울 테지만 결국 역사를 이해하고자 하는 바람에서 그것을 견뎌낼 것이다. 비록 어둡더라도 우리 작품의 한가운데서 무한히 빛나는 태양이 있다. 그 태양은 오늘날도 평야와 언덕을 가로지르며 소리친다.

그런 다음에야 삼 부스러기 불이 타오를 수 있다. 우리가 어떻게 보이든 무엇을 부당하게 차지하고 있든 무슨 상관이란 말인가? 우리가 누구이고 우리가 무엇이 되어야 하든, 그것만으로도 우리의 삶을 채우고 노력을 쏟기에 충분하다. 파리는 경이로운 동굴이고 파리 사람들은 저 깊은 벽에 비치는 자기 그림자가 흔들리는 것을 보면서 그것을 유일한 현실로 받아들인다. 이 도시가 소비하는 이상하고 덧없는 명성도 마찬가지다. 그러나 우리는 파리에서 멀리 떨어져서 우리 등 뒤로 빛이 있다는 것, 그 빛을 보려면 속박을 끊어내고 돌아봐야 한다는 것, 그리고 죽기 전에 해야 할 일은 모든 말을 동원하여 그 빛의 이름을 찾는 것임을 배웠다. 모든 예술가는 아마도 저마다의 진실을 찾고 있을 것이다. 만약 위대한 예술가라면 모든 작품이 그 진실에 가까워지거나 적어도 그 중심, 만물을 언젠가는 태워버릴, 감춰진 태양을 향해 가까이 다가갈 것이다. 그가 평범한 예술가라면 모든 작품이 진실에서 점점 더 멀어지고 중심은 도처에 있으며 빛은 흩어질 것이다. 그러나 집요히 파고든다면 예술가를 도울 수 있는 사람은 그를 사랑하는 사람들이다. 이 사람들은 또한 자기 자신도 사랑하고 창조하면서 각자의 열정 속에서 모든 열정의 척도를 찾아내고 그로써 올바르게 판단할 줄 알게 된다.

그렇다, 그토록 소란을 떨다니… 평화란 침묵 속에서 사랑하고 창조하는 일일 텐데! 그러나 기다릴 줄 알아야 한다. 한 번 더 태양이 우리의 입을 다물게 한다.

(1950)

티파사에 돌아오다

―――

"너는 아비의 집을 떠나 성난 영혼으로
바다의 겹겹 암초를 넘고 또 넘어 낯선 땅에 살고 있구나."
에우리피데스, 《메데이아》*

알제에 닷새째 비가 쉼 없이 쏟아지더니 결국 바다마저 적시고 말았다. 무한한 듯한 하늘 꼭대기에서 쉬지 않고 끈적거릴 만큼 두꺼운 빗줄기가 만灣 위로 퍼부었다. 회색빛의 흐물흐물한 해면 같은 바다가 윤곽이 희미한 해안선에 부풀어 올랐다. 정지된 것 같은 빗줄기 아래에서 수면은 거의 움직이지 않는 듯 보였다. 아주 가끔 거의 느껴지지 않을 정도로 넓은 움직임이 바다 위로 뿌연 수증기를 일으켰고 그 수증기는 젖은 대로 아래의 항구 쪽으로 밀려왔다. 도시에서 또한 하얀 벽들은 모두 김을 내뿜고 바다에서 오는 수증기와 마주쳤다. 그러니 어디로 고개를 돌리든 물을 들이마시는 것 같았고 마침내 공기를 들이켜는

---

* 메데이아는 그리스 신화에 등장하는 인물로 사랑하는 이아손과 함께 아버지와 고국을 떠나지만 훗날 이아손은 그녀를 버리고 다른 여성과 결혼하려고 한다 - 역주

기분이었다.

흠뻑 젖은 바다 앞에서 나는 걷고 기다렸다. 12월의 알제는 여전히 내게 여름 도시로 남아 있었다. 나는 유럽의 밤에서 얼굴들의 겨울을 피해 도망쳐왔다. 그러나 여름 도시조차도 웃음소리가 사라졌고 굽고 번들거리는 사람들의 등만 보였다. 저녁이면 나는 불빛이 강렬한 카페로 몸을 피했고 이름은 기억나지 않지만 낯익은 얼굴들 위로 내 나이를 읽어냈다. 내가 깨달은 것이라고는 나와 더불어 젊었던 사람들이 이제 더는 젊지 않다는 사실이었다.

그런데도 내가 무엇을 기다리는 것인지도 알지 못한 채 나는 완강히 버티고 있었다. 어쩌면 티파사로 다시 돌아가는 순간을 기다린 것일지도 모른다. 젊은 시절의 장소로 되돌아가서 스무 살에 사랑했거나 깊이 즐겼던 것을 마흔 살에 다시 즐기려는 것은 엄청난 광기이고 언젠가 벌을 받게 되는 일임을 알고 있었다. 그런데 사실 나는 이 광기에 대해 경고를 받은 적이 있었다. 이미 한 번, 내게 젊음의 끝을 알렸던 전쟁이 끝난 직후 티파사로 돌아갔던 것이다. 그곳에서 내가 잊을 수 없었던 자유를 다시 찾을 수 있으리라 기대하면서 사실 20년도 훨씬 전에 이곳에서 아침 내내 폐허 사이를 헤매고, 압생트 풀 향기를 맡고, 돌에 몸을 데우고, 봄을 버텨내고 금세 꽃잎이 지는 작은 장미들을 발견하고는 했다. 매미조차 지쳐 울지 않는 정오에 탐욕스러운 빛이 작열하며 모든 것을 집어삼키자 이를 피해 달아났다. 밤이면 나는 가끔 별이 쏟아지는 하늘 아래서 뜬눈으로 잠을 자고는 했다. 그때야말로 나는 살아 있었다. 15년이 지난 뒤 나는 첫 번째 파도에서 얼마 떨어지지 않은 폐허를 다시 찾았다. 쓸쓸한 나무들로 뒤덮인 들판을 지나 잊고 있던 도시의 거리를 따라 걸었다. 해안을 내려다보는 언덕에서 여전히 구운 빵 색깔을 띠고 있는 기둥들을 쓰다듬었다. 그러나 폐허들은 여전히 철조망에 둘러싸여 있었고 허가된 입구로만 들어갈 수 있었다. 풍기 문란 때문인지 밤에는 통행이 금지되었고 낮에는 엄격한 경비원과 마주쳤다. 아마도 우연이겠지만 그날 아침 폐허 전역에 비가 내리고 있었다.

외롭고 젖은 들판을 정처 없이 걷던 나는 내가 상황을 바꿀 수 없다는 사실을 알게 되었을 때 이를 받아들일 수 있도록 도와주며 내게 늘 충실했던 그 힘을 다시 찾으려고 애쓰고 있었다. 그리고 실제로 나는 시간의 흐름을 거스를 수 없었고 내가 사랑했고 어느 날 문득 사라져 버린 그 얼굴을 세상에 되돌릴 수 없었다. 1939년 9월 2일, 원래 가기로 했던 그리스에 가지 않았다. 대신 전쟁이 우리 코앞에 닥쳤고 결국 그리스마저도 전쟁에 휩싸였다. 그날 흠뻑 젖은 위성류 아래 검은 물로 가득 찬 석관 앞에서 뜨거운 폐허와 철조망이 갈라놓은 거리와 세월을 내 안에서도 다시 발견했다. 처음부터 내게 유일한 풍요였던 아름다움의 광경 속에서 자란 나는 충만함으로 삶을 시작했다. 그다음은 철조망, 즉 독재, 전쟁, 경찰, 저항의 시대가 찾아왔다. 밤에는 결판을 내야 했고 한낮의 아름다움은 추억에 불과했다. 진흙투성이 티파사에서는 추억조차 희미해졌다. 진정 아름다움, 충만함, 젊음을 찾아서 온 티파사였건만! 타는 듯한 햇볕 아래에서 세상은 갑자기 오래되었거나 새로 생긴 주름과 상처를 드러냈다. 세상은 한순간에 늙어버렸고 우리도 그렇다. 내가 이곳에 와서 찾으려고 했던 그 도약은 스스로 도약을 의식하지 못하는 사람들만 가능하다는 것을 나는 알고 있었다. 사랑에는 어느 정도의 순수함이 없으면 안 된다. 순수함은 어디에 있는가? 제국은 무너지고 나라들과 사람들은 서로의 목을 물어뜯었고 우리 입은 더럽혀졌다. 처음에는 우리가 순수한지 알지 못하고 순수했건만 이제는 원하지 않았는데도 죄인이 되었다. 신비는 우리의 학문이 발전함에 따라 함께 커져만 갔다. 오, 얼마나 우스운 일인가, 우리는 도덕에 대해 몰두했다. 허약한 내가 미덕을 꿈꾸다니! 순수했던 시절에는 도덕이 존재하는지 몰랐다. 이제는 그 존재에 대해 알고 있지만 그것에 맞게 살아갈 능력이 없다. 한때 내가 사랑했던 곳 위의 부서진 신전의 기둥들 사이에서 나는 여전히 포석과 모자이크 위로 울리는 누군가의 발소리를 들으며 그 뒤를 따라 걷지만 따라잡을 수 없는 기분이었다. 나는 파리로 돌아갔고 몇 년 뒤 다시 귀향했다.

그런데도 그 세월 내내 내게는 무언가가 막연하게 결핍되어 있었다. 한 번이라도 강렬하게 사랑할 기회가 있었던 사람은 다시금 그 열정과 빛을 찾느라 삶을 보내게 된다. 아름다움과 그에 따르는 감각적 행복을 포기하고 불행에만 전념하려면 위대함이 필요하지만 내게는 없는 위대함이다. 그런데 배제를 강요하는 것은 그 어떤 것도 결코 진실이 될 수 없다. 고립된 아름다움은 결국 눈살을 찌푸리고 외로운 정의는 결국 억압이 되고야 만다. 한쪽만을 섬기고 다른 쪽을 배제하려는 자는 그 누구도, 그리고 자기 자신조차 섬기지 못해서 결국 불의를 두 번 돕게 된다. 언젠가 지나치게 경직되다 못해 더 이상 어떤 것도 놀랍게 느껴지지 않고 모든 것이 뻔해 보이는 날이 오면 삶은 반복되기만 한다. 그런 순간은 유배, 메마른 삶, 죽은 영혼들의 시간이다. 다시 살아나기 위해서는 은총, 자기 망각 또는 조국이 필요하다. 어느 아침에 길모퉁이를 돌다가 감미로운 이슬이 마음에 떨어졌다가 금세 사라진다. 그러나 그때의 신선함은 여전히 마음에 남아 있어서 마음은 아직도 그것을 갈망한다. 나는 다시 떠나야만 했다.

두 번째로 온 알제에서 나는 다시는 돌아올 수 없으리라 여기고 떠났던 그날 이후로 한 번도 멈춘 적 없는 듯한 그 소나기 아래를 걷고 있었다. 비와 바다 냄새가 나는 끝없는 멜랑콜리 속에서 안개 낀 하늘에서 소나기를 피해 도망치는 사람들의 뒷모

습과 유황빛 조명 아래서 손님들의 얼굴이 일그러지고 있는 카페들 사이에서 나는 고집스럽게 희망을 품고 있었다. 두 시간 만에 불어나 수많은 땅을 휩쓸고는 한순간에 말라버리는, 마치 내 고향의 강물처럼 알제의 비는 결코 멈추지 않을 것 같다가도 어느 순간 뚝 멈춘다는 것을 나는 알고 있지 않았던가? 실제로 어느 날 저녁 정말로 비가 그쳤다. 나는 다시 하룻밤을 더 기다렸다. 순수한 바다 위로 맑게 갠 투명한 아침이 떠올랐다. 물에 여러 번 씻기고 씻겨 투명한 결까지 드러난 눈동자처럼 맑은 하늘에서 진동하는 빛이 내려왔다. 그 빛은 집과 나무 하나하나에 또렷한 윤곽과 경이로운 새로운 풍경을 부여했다. 세상의 첫 아침에 대지도 이런 빛 속에서 솟아올랐으리라. 나는 다시 티파사로 가는 길에 올랐다.

이 69킬로미터의 여정 동안 추억과 감동으로 덮이지 않은 곳이 없다. 거칠었던 어린 시절, 버스의 엔진 소리를 들으며 꾸었던 사춘기의 몽상, 아침들, 상큼한 소녀들, 해변들, 언제나 불끈거리던 젊은 근육들, 열여섯 살 소년의 가슴속에 스며들던 저녁의 가벼운 불안, 삶에 대한 갈망, 영광, 그리고 수년간 변함없는 하늘. 무궁무진한 힘과 빛을 지닌 하늘은 스스로 만족을 모른 채 몇 달 동안 정오의 상중喪中에 해변에 십자가처럼 누운 제물들을 집어삼켰다. 언제나 변함없고 아침에는 거의 손에 닿지 않을 듯한 바다. 도로가 사헬 지역과 청동빛 포도밭 언덕을 벗어나

해안으로 내려서는 순간부터 그 바다는 수평선 끝에 펼쳐져 있었다. 그러나 나는 그 바다를 멈춰서서 바라보지는 않았다. 내가 보고 싶던 것은 슈누아 산이었다. 하나의 덩어리로 잘려 나온 듯, 묵직하고 단단한 그 산은 서쪽으로 티파사 만(灣)을 따라 쭉 뻗어 있다가 결국 바다로 내려앉는다. 그 산은 저 멀리서부터, 아직 하늘과 구별되지 않는 푸르고 가벼운 수증기처럼 보인다. 그러나 슈누아 산은 다가갈수록 점차 응집되어 마지막에는 그 주변의 물빛을 띠게 된다. 고요했던 바다 위에서 놀라운 기세로 단숨에 솟구쳤다가 갑자기 굳어버린 듯, 마치 움직이지 않는 거대한 파도처럼 보였다. 티파사 입구에 다다랐을 때 갈색과 녹색의 준엄하고 거대한 덩어리가 눈앞에 나타났다. 어떤 것도 흔들 수 없는 이끼 낀 노쇠한 신과 같은 모습이다. 나를 포함해 그의 아들에게 피난처와 항구를 제공하는 신령이다.

나는 그 산을 바라보며 마침내 철조망을 넘어서 폐허 한가운데로 들어섰다. 12월의 찬란한 햇빛 아래서 내가 찾으러 왔던 바로 그것을 정확히 찾았다. 세월과 세상이 흘렀음에도 황량한 자연 속에서 오직 나에게만 주어진, 인생에서 한두 번 있을까 말까 한 경험으로, 그 후에 그 경험만으로도 인생이 충만해졌다고 여길 수 있는 종류의 것이다. 올리브 열매가 흩어져 있는 광장에서는 아래로 마을이 내려다보였다. 아무 소리도 들리지 않았다. 맑은 공기 속에서 가벼운 연기만이 피어오르고 있었다.

마치 눈부시고 차가운 빛이 끊임없이 쏟아져 숨이 막힌 듯이 바다 역시 침묵하고 있었다. 슈누아 산 저 멀리서 하루의 덧없는 영광을 찬미하는 닭 울음소리만이 들려왔다. 폐허 쪽에서는 맑은 공기의 투명함 속에서 얽은 돌들, 압생트 풀, 그리고 온전한 기둥들만이 멀리서도 맨눈에 보였다. 헤아릴 수 없는 찰나에 아침이 정지한 듯했고 태양도 멈춘 것 같았다. 그 빛과 침묵 속에서 수년간의 분노와 어둠이 천천히 녹아내렸다. 나는 내 안에서 잊고 있던 소리를 들었다. 마치 오랫동안 멈춰 있던 내 심장이 다시 조용히 뛰는 듯했다. 이제 나는 깨어났고 침묵을 이루고 있던 미세한 소리들을 하나하나 알아차렸다. 끝날 줄 모르는 새들의 나직한 지저귐, 바위 아래서 들려오는 바다의 짧고 가벼운 한숨, 나무들의 전율, 기둥들의 눈먼 노래, 압생트 잎이 스치는 소리, 재빨리 도망가는 도마뱀들. 나는 이런 소리를 들었고 내 안에서 밀려오고 있는 행복한 파도 소리에 다시 귀를 기울였다. 나는 비록 잠시라도 마침내 다시 항구에 돌아온 기분이었고 이제 그 순간은 끝나지 않을 것만 같았다. 그러나 잠시 후 태양이 눈에 띄게 한 단계 더 솟아올랐다. 지빠귀 한 마리가 짧게 선창하자 곧 사방에서 새들의 노랫소리가 터져 나왔다. 그 소리에는 환희, 유쾌한 불협화음, 끝없는 황홀감이 가득했다. 낮이 다시 움직이기 시작했고 나를 저녁으로 데려다 줄 것이다.

정오 무렵, 반쯤 모래로 덮인 경사면에는 며칠간 맹렬한 파도가 물러가며 남긴 거품처럼 헬리오트로프가 뒤덮여 있었다. 그곳에서 나는 바다를 바라봤다. 이 시간의 바다는 지쳐버린 듯 거의 움직이지 않았다. 나는 오래 달래지 않으면 결국 말라버리고 마는 두 가지 갈증을 해소하고 있었다. 그것은 사랑하고 싶은 갈증과 감탄하고 싶은 갈증이었다. 사랑받지 못하는 것은 단지 불운일 뿐이지만 사랑하지 않는 것은 불행이다. 오늘날 우리는 모두 이 불행으로 죽어가고 있다. 피와 증오는 마음 자체를 야위게 한다. 정의를 오래 요구하다 보면 정의를 낳은 사랑마저 소진시켜 버린다. 우리가 살아가는 이 아우성 속에서 사랑은 불가능하고 정의는 충분하지 않다. 그래서 유럽은 낮을 증오하고 오직 불의에 불의로 맞서는 방법밖에 모른다. 나는 티파사에서 다시 깨달았다. 정의가 마르고 오그라져서, 마치 과육은 시고 말랐지만 겉은 아름다운 오렌지처럼 되지 않으려면 자기 안에 신선함과 기쁨의 원천을 온전히 간직해야 하고 불의에서 벗어난 낮을 사랑해야 하며 쟁취한 이 빛을 무기로 삼아 다시 투쟁해야 한다는 것을. 나는 이곳에서 옛 아름다움과 젊은 하늘을 다시 마주했고 우리의 광기가 극에 달했던 몇 년 동안 이 하늘에 대한 추억은 결코 나를 떠난 적이 없음을 비로소 깨달으면서 내가 얼마나 운이 좋은지 실감했다. 내가 절망에 빠지지 않도록 막아준 것도 결국 이 하늘이었다. 나는 티파사의 폐허들이 우리의 공사 현장이나 잔해보다 더 젊다는 것을 줄곧 알고 있었다. 세상은 이곳에서 새로운 빛 속에서 매일 되살아났다. 오, 빛이여! 이 것은 고대의 비극 속에서 운명을 마주한 모든 인물이 외치는 절규다. 이 마지막 호소는 또한 우리의 것이고 이제 나는 그것을 알게 되었다. 겨울의 한가운데에서 나는 마침내 내 안에서 꺾이지 않는 여름이 있음을 깨달았다.

나는 다시 티파사를 떠나 유럽과 유럽에서 벌어지는 투쟁으로 되돌아왔다. 그러나 그날의 기억은 여전히 나를 지탱하고 감동을 주는 것과 제압하는 것을 똑같은 마음으로 받아들이도록 도와주었다. 우리가 처한 이 어려운 시기에 나는 아무것도 배제하지 않고, 흰 실과 검은 실로 언제 끊어질지 모를 정도로 팽팽한 줄을 엮는 법을 배우는 일 외에 다른 것을 바랄 수 있을까? 지금까지 내가 해온 모든 행동이나 말 속에, 비록 서로 충돌할 때조차 나는 이 두 힘을 분명히 인정한 것 같다. 나는 내가 태어난 빛을 부정할 수 없지만 그러면서도 이 시대의 속박을 거부하고 싶지도 않았다. 이곳에서 티파사의 부드러운 이름에 더욱 우렁차고 잔인한 다른 이름들을 대립시키는 것은 너무 쉬운 일일 것이다. 오늘날의 사람들에게는 내면의 길이 있다. 나는 정신의 언덕에서 범죄의 도시로 이어지는 그 길을 양방향으로 다 걸어봤기에 훤히 알고 있다. 물론 언제든지 그 언덕 위에서 쉬거나 잠들 수 있고 또는 범죄 안에서 머물 수도 있다. 그러나 삶의 일부를 포기한다면 곧 자신도 존재하기를 포기해야 한다. 대리를 통해서 살아가거나 사랑할 수밖에 없는 것이다. 이렇게 삶의 어떤 것도 거부하지 않고 살아가려는 의지가 있는데 이것이야말로 내가 세상에서 가장 높이 사는 덕이다. 이따금 적어도 내가 이 덕을 실천하며 살았기를 진정 바란다. 우리 시대처럼 최악과 최선이 동등한 시대는 드물기에 나는 어떤 것도 회피하지 않고 정확하게 이중의 기억을 간직하고 싶다. 그렇다, 아름다움이 있고 모욕당한 자들이 있다. 그 일이 아무리 어렵더라도 나는 어느 하나에도 불성실하지 않기를 바란다.

그러나 그것 역시 어느 도덕과 닮았지만 우리는 도덕을 넘어서 무언가를 위해 살아간다. 그것에 이름을 붙일 수 있다면 세상이 얼마나 고요하겠는가. 티파사 동쪽의 생트-살사 언덕 위로 저녁이 머문다. 사실 여전히 밝지만 빛 속에서 보이지 않는 쇠락이 하루의 끝을 알린다. 밤처럼 가벼운 바람이 일고 잔잔하던 바다가 돌연 방향을 잡고 커다란 강줄기처럼 지평선 끝에서 끝으로 흘러간다. 하늘은 점차 어두워진다. 이제야 신비, 밤의 신들, 쾌락의 저승이 시작된다. 이런 현상을 어떻게 표현할 수 있을까? 내가 이곳에서 가져가는 작은 동전의 선명한 면에는 여성의 아름다운 얼굴이 새겨져 있다. 그 얼굴은 오늘 하루 동안 내가 배운 모든 것을 되풀이해 들려준다. 돌아오는 동안 손가락으로 더듬은 다른 면은 부식되었다. 입술 없는 그 입으로 무엇을 말할 수 있겠는가. 내 안에서 매일 내 무지와 행복을 일깨워주는 또 다른 신비로운 목소리가 들려주는 말뿐이다.

"내가 찾고 있는 비밀은 올리브나무 골짜기 속에 파묻혀 있다. 그 위로는 차가운 풀과 제비꽃이 피어 있고 주변으로 포도 덩굴 향기가 나는 오래된 집이 있다. 20년이 넘게 나는 이 골짜기를 돌아다니며 말 못 하는 양치기들에게 묻거나 비어 있는 폐허의 문을 두드리기도 했다. 가끔 아직 밝은 하늘에 첫 별이 뜰 무렵, 섬세한 빛의 비를 맞으면 알게 된 듯한 기분이었다. 나는 실제로 알고 있고 어쩌면 지금도 알고 있을지 모른다. 그러나 이 비밀을 알고 싶어 하는 사람은 아무도 없다. 아마도 나 자신조차 원하지 않을 것이다. 나는 내 가족들과 떨어질 수 없다. 나는 돌과 안개로 지어진, 풍요와 추함이 공존하는 도시를 지배한다고 믿는 가족과 살고 있다. 식구들은 밤낮으로 목청을 높이고 그들 앞에서 모두가 굽실거린다. 가족은 어떤 것에서 굴복하지 않고 모든 비밀에 귀를 막고 산다. 나를 이끄는 그들의 힘에 나는 괴롭고 그들의 외침에 지치기도 한다. 그러나 가족의 불행이 곧 나의 불행이다. 우리는 같은 핏줄을 가졌기 때문에. 나 또한 나약하고 공범이며 시끄러운 존재로서 돌들 사이에서 목소리를 높이지 않았는가? 그래서 나는 잊으려고 애쓰고 철과 불로 가득한 도시 속을 걷는가 하면 밤을 향해 용감하게 미소 짓고 폭풍을 소리쳐 부르며 충실할 것이다. 나는 사실 잊고 있었다. 이제는 활동적으로 살고 귀머거리가 될 것이다. 그러나 어느 날

아마도 탈진과 무지로 죽게 될 때 우리는 시끄러운 우리의 무덤
을 버리고 골짜기로 가서 같은 빛 아래 누워 내가 알고 있는 것
을 마지막으로 배울 수 있으리라."

(1952)

가장 가까운 바다 (항해일지)

나는 바다에서 자랐고 가난도 내게 사치스러운 것이었다. 그러다 나는 바다를 잃고 나서야 모든 사치가 잿빛으로 보였고 빈곤은 참을 수 없는 것이 되었다. 그때부터 나는 기다린다. 돌아오는 배들을, 물의 집을, 맑은 날을 기다린다. 나는 인내하며 온 힘을 다해 예의를 차린다. 사람들은 아름답고 지적인 거리를 지나가는 나를 보고, 나는 풍경에 감탄하고 모두 그러하듯 박수를 치고 사람들에게 손을 내민다. 그러나 말하는 이는 내가 아니다. 사람들이 나를 찬양하면 나는 잠시 어리둥절하고 나를 모욕해도 나는 거의 놀라지 않는다. 그리고 나는 잊는다. 나를 모욕하는 사람들에게 미소 짓거나 내가 사랑하는 이에게는 지나치게 정중히 인사한다. 단 하나의 장면만이 내 기억 속에 남아 있는데 어쩌겠는가? 결국 사람들은 내가 누구인지 말하라고 나를 재촉한다. "나는 아직 아무것도 아니다. 아직은 아무것도…."

장례식에서야말로 나는 평소보다 능력을 발휘한다. 실로 뛰어나다.

나는 고철로 만든 꽃으로 장식된 변두리를 천천히 걸어가 시멘트 나무가 늘어선 널찍한 길을 따라간다. 그 길은 차가운 흙이 파인 구덩이로 이어진다. 겨우 붉게 물든 하늘의 붕대 아래서 나는 용감한 동료들이 3미터 깊이의 구덩이 속으로 매장되는 것을 지켜본다. 그때 진흙 묻은 손이 내게 내미는 꽃을 던지면 그 꽃은 어김없이 구덩이 속으로 떨어진다. 내 경건함은 정확하고 감정은 확실하며 적당하게 고개를 숙였다. 내가 하는 말이 적절하다고 사람들은 감탄한다. 그러나 그것은 칭찬받을 일이 아니다. 나는 기다린다.

나는 오랫동안 기다린다. 때로는 휘청거리고 서툴러서 성공을 놓치기도 한다. 그런데 다 무슨 상관인가, 나는 그럴 때 혼자인 것을. 나는 밤에 언뜻 잠에서 깨어 잠결에 파도 소리와 물의 숨소리를 들었다고 느낀다. 완전히 잠에서 깨어나 나뭇잎 사이로 부는 바람 소리와 텅 빈 도시의 불행한 소음을 알아차린다. 그다음에는 내 절망을 감추거나 유행에 맞게 꾸밀 솜씨는 딱히 없다.

반대로 다른 경우에는 도움을 받는다. 뉴욕에서 어떤 날들은 수백만 명의 사람들이 헤매고 있는 돌과 강철의 깊은 우물 속에서 나는 길을 잃고 끝도 없이 이곳저곳을 뛰어다니느라 지쳐 쓰러질 지경이었고 출구만을 찾는 인파에 떠밀리지 않으려고 겨우 버틸 뿐이었다. 그때 나는 숨이 막혔고 공황 상태에 빠져 소리를 내지를 것 같았다. 그러나 그럴 때마다 멀리서 들려오는 예인선의 경적이, 물이 말라버린 탱크 같은 이 도시는 하나의 섬이라는 것을, 빈 코르크들이 뒤덮여 시커멓게 썩은 내 세례 성수가 배터리 공원의 끝자락에서 나를 기다리고 있다는 것을 일깨워줬다.

그래서 나는 가진 것이 없고 내 재산을 내주고 모든 집 근처에서 야영한다. 그러나 나는 내가 원하는 것이 있으면 언제든 충족할 수 있다. 언제든 배를 타고 나갈 수 있고 절망은 나를 알아보지 못한다. 절망한 자에게 조국은 없지만 나에게는 나를 앞서거나 뒤따르는 바다가 있음을 알고 있다. 나는 언제든 미칠 준비가 되어 있다. 서로 사랑하지만 떨어져 있는 이들은 고통 속에서 살 수는 있으나 그것이 절망은 아니다. 그들은 사랑이 존재함을 알기 때문이다. 그래서 나는 눈물마저 마른 유배의 고통을 겪는다. 나는 여전히 기다린다. 어느 날이 오면, 마침내…

선원들의 맨발이 부드럽게 갑판을 쿵쿵 두드린다. 우리는 해가 떠오르는 시간에 떠난다. 항구를 떠나자마자 짧고 거센 바람이 바다를 세차게 쓸어대고 거품 없는 잔물결이 출렁인다. 조금 뒤, 바람이 차가워지고 바다 위로 동백꽃 같은 거품이 흩뿌려지지만 곧 사라지고 만다. 아침 내내 우리 돛은 활기찬 어장 위에서 펄럭인다. 물은 무겁고 비늘이 떠다니고 차가운 점액질로 덮여 있다. 때때로 파도는 뱃머리를 향해 짖어대고 신들의 침처럼 씁싸름하고 부드러운 거품이 선체를 따라 흘려내려 물속에서 흩어지며 사라졌다가 다시 나타나는 무늬를 그린다. 그것은 마치 파란색과 흰색 털을 가진 지친 얼룩소가 우리의 항적을 따라 표류하는 것 같다.

갈매기들은 출항부터 줄곧 우리 배를 따라온다. 갈매기들은 거의 날갯짓을 하지 않고 힘든 기색도 없다. 바람에 살짝 몸을 싣고 일직선으로 아름다운 비행을 한다. 그런데 갑자기 조리실 쪽에서 풍덩 하고 거친 소리가 나자 먹이를 기대하는 갈매기들 사이에 경보가 울리고 멋진 비행 대열이 흐트러지며 흰 날개를 가진 화염이 소용돌이친다. 갈매기들은 속도를 늦추지 않은 채 사방으로 미친 듯이 빙빙 돈다. 한 마리씩 무리에서 빠져나와 먹이를 집으려고 바다로 곤두박질친다. 몇 초 후 녀석들은 다시 물 위로 모여서 파도 속에서 우리가 뒤로 남기고 가는, 뜻밖의 음식을 천천히 쪼아대며 시끌벅적한 가금사육장을 이룬다.

정오가 되자 귀가 먹먹해질 정도로 강렬한 태양 아래서 지쳐버린 바다는 거의 움직이지 않는다. 바다는 다시 몸을 낮추며 침묵의 휘파람 소리를 낸다. 한 시간쯤 끓여진 듯, 바닷물이 하얗게 달궈진 철판처럼 지글거린다. 지글거리며 연기를 내고 결국 타버린다. 이내 바다는 몸을 뒤집고 파도와 어둠 속에 숨은 축축한 면을 태양에 내어줄 것이다.

우리는 헤라클레스의 문을 지나 안타이오스(바다의 신 포세이돈과 대지의 여신인 가이아 사이에 태어난 거인으로 끔찍한 싸움꾼이다. 땅에 닿기만 하면 대지를 통해 힘이 더욱 세지기 때문에 그를 이긴 자가 없었다. 헤라클레스는 11번째 과업을 해결하던 중 마주친 안타이오스와 결투하게 된다. 그 힘의 원천을 깨달은 헤라클레스는 그와 대지와의 연결을 끊어 결투에서 승리했다 - 역주)가 죽은 지점을 통과한다. 그 너머에는 사방에 대양이 펼쳐져 있다. 우리는 곧장 혼곶과 희망봉을 지난다. 자오선이 위도와 만나고 태평양이 대서양을 삼킨다. 곧바로 우리는 밴쿠버를 향해 남쪽 바다로 천천히 흘러간다. 이스터 섬, 케르겔렌 제도, 헤브리디스 제도가 수백 미터 앞에서 무리 지어 지나간다. 어느 날 아침, 갑자기 갈매기들이 자취를 감췄다. 우리는 모든 땅에서 멀리 떨어져 오직 우리의 돛과 엔진과 함께 홀로 남는다.

수평선도 우리와 함께 홀로 남았다. 파도는 보이지 않는 동쪽에서 우리에게까지 하나씩 끈질기게 다가오고 미지의 서쪽으로 하나씩 끈질기게 떠나간다. 시작도 끝도 없는 기나긴… 하천과 강은 지나가지만 바다는 지나가면서도 머문다. 이렇게 순간적이면서도 충실하게 사랑해야 할 것이다. 나는 바다와 결혼한다.

만조의 바다. 해는 내려와 수평선 훨씬 앞에서 짙은 안개에 빨려 들어간다. 잠시 바다는 한쪽은 분홍빛을, 다른 한쪽은 푸른빛을 띤다. 곧 물빛은 어두워진다. 작은 스쿠너 한 척이 두껍고 빛바랜 철판 같은 바다에서 완벽한 원을 그리며 미끄러지듯 지나간다. 그리고 가장 평온한 저녁 무렵, 수백 마리의 돌고래가 물 위로 솟구쳐 우리 주위를 잠시 맴돌다가 인간 없는 수평선을 향해 사라진다. 녀석들이 떠난 뒤 원시 바다의 침묵과 불안이 남았다.

얼마 지나지 않아 회귀선에서 빙산을 만난다. 따뜻한 물속에서 오래 떠다녔으니 보이지 않아도 효력은 여전하다. 빙산이 우현을 스쳐 지나가자 밧줄에는 잠시 서리가 맺혔고 좌현에는 건조한 한나절이 저물고 있다.

밤은 바다 위로 내려오지 않는다. 태양은 바다 깊은 곳에 이미 잠겨버려 두꺼운 재로 점차 바닷물을 검게 만들고 밤은 오히려 창백한 하늘로 올라온다. 금성은 잠시 검은 파도 위에서 홀로 머문다. 눈을 감았다가 다시 뜨는 순간, 별들이 액체 같은 밤하늘 속에서 넘쳐흐른다.

달이 떠올랐다. 처음에는 물 위를 희미하게 비추더니 점점 더 높이 떠올라 부드러운 물 위에 글을 쓴다. 마침내 천정天頂에 이르러 달은 바다의 통로를 환히 밝힌다. 밤하늘의 은하수가 어두운 대양 속으로 배의 움직임에 따라 우리를 향해 끝없이 흘러내린다. 소란스러운 빛과 술, 욕망의 소용돌이 속에서 불렀던 온화하고 선선한 밤이다.

우리는 마치 끝이 없을 것 같은 너무도 광대한 공간을 항해하고 있다. 태양과 달이 번갈아 뜨고 지면서 빛과 어둠이 실처럼 흐른다. 바다 위에서 보낸 날들은 모두 행복처럼 서로 비슷하다.
이런 삶이 바로 스코틀랜드 작가 로버트 루이스 스티븐슨이 말한, 망각에도 기억에도 저항하는 삶이다.

새벽. 우리가 북회귀선을 수직으로 가로지르자 바다의 물결이 신음하며 몸부림친다. 번쩍이는 철 조각이 가득한 거친 물결 위로 날이 밝아온다. 하늘은 안개와 열기로 하얗고 죽은 듯하지만 견딜 수 없는 빛을 띠고 있다. 마치 태양이 두꺼운 구름 속에 녹아 천구를 덮어버린 듯하다. 분해된 바다 위에 병든 하늘. 시간이 흐를수록 창백한 공기 속에서 열기는 더해진다. 종일 뱃머리에는 파도 덤불에서 뛰쳐나온 날치 떼와 쇳조각 같은 작은 새 떼가 날아다닌다.

오후에 우리는 육지를 향해 올라가는 여객선 한 척과 마주쳤다. 선사시대 동물의 포효와 같은 뱃고동을 크게 세 번 울리며 인사를 주고받는다. 바다 위에서 길을 잃은 승객들이 다른 사람들의 존재를 알아채고 보내는 신호음. 두 배 사이의 거리는 점점 멀어지고 결국 고약한 바닷물 위에서 이별하고 모두가 가슴이 미어진다. 판자에 집요하게 매달려 표류하며 섬을 찾아서 망망대해의 파도에 던져진 이 광기의 사람들. 고독과 바다를 사랑하는 이들을 누가 사랑하지 않을 수 있을까?

대서양 한가운데서 우리는 한 극에서 다른 극으로 끝없이 몰아치는 거센 바람에 몸을 굽힌다. 우리가 내지르는 외침은 한없는 공간 속에서 전부 사라지고 날아가 버린다. 이 외침은 날마다 바람에 실려 날아가다가 마침내 지구의 납작한 끝 어딘가에 도달해 빙벽에서 길게 울려 퍼질 것이다. 그렇게 어딘가에서 눈으로 만든 조개껍데기 속에 틀어박혀 있던 사람이 이 소리를 듣고 기뻐하며 미소 짓고 싶어질 것이다.

나는 2시의 햇볕 아래서 반쯤 잠들어 있다가 끔찍한 소리에 눈을 떴다. 태양은 바다 깊은 곳에 있었고 파도들은 출렁이는 하늘에 가득했다. 갑자기 바다는 불타올랐고 태양은 얼음에서 녹은 물줄기로 흐르며 내 목구멍 속으로 들어왔다. 주변에서는 선원들이 웃고 울었다. 그들은 서로 사랑했지만 용서할 수는 없었다. 그날 세상의 실체를 알게 되었고 그 선함이 동시에 해로울 수 있고 그 악은 구원이 될 수도 있음을 받아들이기로 마음먹었다. 그날 나는 두 가지 진실이 있음을, 그중 하나는 결코 입에 올려서는 안 된다는 것을 깨달았다.

남반구의 기이한 달이 조금 이지러진 채 여러 밤을 우리와 함께하다가 어느새 하늘에서 빠르게 미끄러지고 바닷물이 삼켜버린다. 남은 것은 남십자자리와 드문 별들, 그리고 성긴 공기다. 바로 그때, 바람이 완전히 멎는다. 하늘은 움직이지 않는 우리 돛대 위에서 구르고 흔들린다. 엔진을 끄고 돛은 멈춘 채, 우리는 뜨거운 밤에 휘파람을 불며 바닷물이 배 옆구리를 다정하게 두드리는 소리를 듣는다. 어떤 명령도 없기에 기계들도 침묵한다. 실로 왜 계속 나아가고 왜 돌아가는가? 우리는 충만하고 말 없는 광기에 속절없이 잠든다. 그렇게 모든 것을 이룬 날이 온다. 그때는 지칠 때까지 헤엄친 사람들처럼 물에 떠내려가도록 내버려둬야 한다. 그런데 무엇을 이룬다는 것일까? 나는 예전부터 자신에게조차 그것에 대해 침묵했다. 오, 쓰라린 침상이여, 왕의 침상이여, 왕관은 물속 깊은 곳에 있다!

아침이 되자 우리 배의 스크루가 따뜻한 물에 부드럽게 거품을 일으킨다. 우리는 다시 속도를 낸다. 정오쯤, 먼 대륙에서 온 사슴 떼가 우리를 지나쳐 북쪽으로 일정하게 헤엄쳐 간다. 형형색색의 새들이 뒤따르면서 때로는 사슴뿔 위에 앉아 쉬곤 한다. 살랑대는 소리를 내며 이 숲은 수평선 너머로 점차 사라진다. 잠시 후 바다에는 이상한 노란 꽃들이 가득 피어난다. 저녁 무렵 보이지 않는 노래가 오랫동안 우리를 이끈다. 나는 익숙하게 잠이 든다.

모든 돛을 산들바람에 맡기고 우리는 맑고 힘찬 바다를 질주

한다. 최고 속도에 도달한 순간 키는 좌현으로 꺾인다. 그리고 해가 저물 무렵에 항로를 바로잡느라 돛이 물에 닿을 듯이 배를 우현으로 기울인다. 우리는 빠른 속도로 남쪽 대륙으로 향한다. 나는 그 대륙을 알아봤다. 예전에 비행기라는 야만적인 관을 타고 눈을 감은 채 비행했던 곳이다. 나는 게으른 왕이었고 내가 탄 수레는 겨우 굴러갔다. 나는 바다를 기다렸지만 결코 바다에 도달하지 못했다. 이 괴물은 포효하며 페루의 구아노 더미를 박차고 날아가 태평양 해변 위로 돌진했고, 산산이 부서진 안데스산맥의 하얀 척추뼈 위를 날아 파리 떼로 뒤덮인 아르헨티나의 광활한 평원을 지나갔다. 한 번의 날갯짓으로, 우유가 넘쳐나는 우루과이 목장과 베네수엘라의 검은 강에 이르러 착륙했다. 괴물은 다시 한번 포효하며 삼켜버릴 새로운 공간들을 앞에 두고 탐욕에 몸을 떨었다. 이 모든 와중에 앞으로 나아가지 않거나, 나아가더라도 격렬하고 확고부동하고 중독된 힘으로 간신히 느릿느릿 전진하는 것이었다. 그때 나는 철제 감옥 안에서 죽어간다고 느끼면서 학살과 방탕을 미친 듯이 상상했다. 공간이 없다면 순수와 자유도 없다! 숨 쉴 수 없는 이에게 감옥은 곧 죽음이거나 광기일 뿐이다. 그곳에서 죽이거나 소유하는 것 외에 무엇을 할 수 있을까? 그러나 오늘 내 목은 숨결로 가득 차 있고 우리의 모든 날개가 푸른 공기 속에서 펄럭인다. 나는 속도를 내라고 소리치고 우리는 우리의 육분의와 나침반을 바다에 던져버린다.

거센 바람 아래서도 우리 돛은 쇠처럼 묵직하다. 해안은 눈앞에서 빠르게 흘러가고 장엄한 야자나무 숲은 에메랄드빛 석호에 발을 담그고 있다. 고요한 만(灣)은 붉은 돛으로 가득하고 모래는 달빛으로 반짝인다. 거대한 빌딩이 솟아오르지만 뒷마당에서 자라기 시작한 원시림이 들이닥치면서 이미 균열이 가 있다. 여기저기서 노란 잎의 이페나무나 보라색 가지의 나무가 창문을 뚫고 자라나고 마침내 리우(브라질의 도시, 리우데자네이루를 말한다 - 역주)는 우리 뒤로 무너진다. 그리고 식물들이 막 생겨난 폐허를 덮어버릴 것이다. 그곳에서 치주카의 원숭이들이 깔깔 웃음을 터트릴 것이다. 파도가 모래의 물보라를 일으키는 거대한 해변을 따라 더 빠르게 지나친다. 이보다 더 빠르게 우루과이 양 떼들이 바다로 들어가면서 바다는 단숨에 노랗게 물든다. 그리고 아르헨티나의 해안에서는 대충 쌓은 거대한 장작더미들 위로 하늘을 향해 들어 올려진 소 반 마리가 일정한 간격으로 천천히 구워지고 있다. 밤이 되면 티에라델푸에고의 빙하들이 몇 시간이고 우리 선체를 두드리지만 배는 거의 속도를 늦추지 않은 채 방향을 틀어 계속 나아간다. 아침이 오고 태평양의 유일한 파도가 녹색과 흰색의 차가운 거품을 일으키며 칠레 해안에서 수천 킬로미터에 걸쳐 부글거리고 우리를 천천히 들어 올려 좌초될 위험에 빠뜨린다. 키를 돌려 위험에서 벗어나고 케르겔렌 제도를 지나친다. 부드러운 밤이 오고 첫 번째 말레이시아 배들이 우리를 향해 다가온다.

"바다로! 바다로!" 어릴 적에 읽었던 책 속에서 멋진 소년들이 외쳤다. 그 책에 대해서는 대부분 잊었지만 그 외침만은 기억한다. "바다로!" 그리고 인도양을 지나 고요한 밤마다 사막에서 불타오른 뒤 얼어붙은 돌들이 하나씩 터지는 소리가 들리는 홍해의 대로까지 간다. 우리는 외침이 잠잠해지는 옛 바다로 되돌아온다.

마침내 어느 아침, 우리는 이상한 침묵이 가득하고 움직이지 않는 돛들이 항로표지를 알리는 만에 정박한다. 오직 몇몇 바닷새만이 갈대 조각을 두고 하늘에서 다툰다. 우리는 헤엄쳐서 아무도 없는 해변을 다시 찾는다. 온종일 우리는 바다에 들어갔다가 모래 위에서 몸을 말린다. 저녁이 되고 멀어지는 초록빛의 하늘 아래에서 이미 고요했던 바다는 더욱 평온해진다. 짧은 파도들이 미지근한 모래사장 위로 거품의 김을 뿜어댄다. 바닷새는 사라져 버렸다. 이제는 한 공간만이 움직이지 않는 여행에 바쳐졌다.

부드러움이 오래 이어지는 어느 밤에는, 그렇다, 그런 밤이 우리 뒤에도 다시 땅과 바다 위로 돌아온다는 것을 아는 것은 죽음을 받아들이는 데 도움이 된다. 위대한 바다여, 언제나 파도에 주름을 만들고, 언제나 순결한 바다여, 밤과 함께하는 나의 종교여! 바다는 우리를 씻기고 불모의 밭고랑에서 우리를 배불리 먹이며 해방시키고 곧게 세워준다. 파도마다 언제나 똑같은 약속이 있다. 파도는 무엇을 말하는 걸까? 내가 차가운 산에 둘러싸여 세상에서 잊히고 가족들에게 외면당한 채, 마침내 기력이 다해 죽음을 맞아야 한다면 그 마지막 순간에 내 감옥을 가득 채우고 나를 떠받쳐주며 원한 없이 죽을 수 있도록 도우리라.

자정, 홀로 해변에 있다. 더 기다리다가 나는 떠날 것이다. 이 시간에, 전 세계의 항구에서 어두운 바다를 밝히는 불빛이 가득한 여객선들처럼 하늘조차 모든 별과 함께 멈춰 있다. 공간과 침묵은 같은 무게로 가슴을 짓누른다. 갑작스러운 사랑, 위대한 작품, 결정적인 행동, 변혁 사상은 어느 순간에 견딜 수 없는 불안과 저항할 수 없는 매혹을 동시에 가져다준다. 존재의 달콤한 불안, 이름조차 모르는 위험의 미묘한 임박. 그렇다면 산다는 것은 파멸을 향해 달려가는 것일까? 다시금 쉴 새 없이 우리의 파멸을 향해 달려가자.

나는 망망대해의 위협에 시달리면서도 언제나 고귀한 행복 속에서 살아가는 듯한 기분이다.

(1953)

작가 연보

1913년 11월 7일. 알제의 몽도비에서 프랑스계 알제 이민자 집안의 아들로 태어나다.
1923년 프랑스의 중등학교 리세에 입학하다.
1930년 알제 대학에 입학했으나 폐결핵으로 학업을 중단하다. 이 시기에 평생의 스승인 장 그르니에를 만나다.
1934년 시몬 이에와 결혼하다.
1935년 플로티누스에 관한 논문으로 철학 학사 학위 과정을 마치다. 에세이집《안과 겉》집필을 시작하다.
1936년 시몬 이에와 결별하다. 알제 대학을 졸업하고 친구들과 함께 '노동극단'을 창단하다.
1937년 희곡〈아스튀리의 반란〉을 집필하나 상연이 금지되다.
1938년 에세이집《안과 겉》을 발표하다.〈알제 레퓌블리캥〉지의 기자로 일하다.
1940년 〈파리 수아르〉지에서 일하다. 수학자이자 피아니스트인 프랑신 포르와 결혼하다.
1942년 소설《이방인》, 철학적 에세이《시지프 신화》를 발표하다.

1943년 레지스탕스 비밀 지하 신문 〈콩바〉의 편집진으로 참여하다.
1944년 희곡 〈오해〉, 〈칼리굴라〉를 책 한 권으로 엮어 발표하다.
1947년 소설 《페스트》를 발표하다.
1949년 폐결핵이 재발하여 2년간 은둔생활을 하다.
1951년 철학적 문제작 《반항하는 인간》을 발표하다.
1956년 소설 《전락》을 발표하다.
1957년 노벨 문학상을 수상하다.
1960년 1월 4일, 몽트로 근교 빌블르뱅에서 교통사고로 사망하다. 프랑스 남부 시골 마을 루르마랭의 공동묘지에 묻히다. 훗날 아내 프랑신 카뮈도 함께 묻히다.

결혼·여름

초판 1쇄 인쇄 2025년 07월 14일
초판 1쇄 발행 2025년 07월 21일

지은이 알베르 카뮈
옮긴이 구영옥
펴낸이 이효원
편집인 음정미
마케팅 추미경
디자인 이용석(표지), 이수정(본문)
펴낸곳 올리버
출판등록 제395-2022-000125호
주소 경기도 고양시 덕양구 삼송로 222, 101동 305호(삼송동, 현대헤리엇)
전화 070-8279-7311   팩스 02-6008-0834
전자우편 tcbook@naver.com

ISBN 979-11-94381-50-1 04080
　　　979-11-89550-89-9 (세트)

이 책은 저작권법에 따라 보호받는 저작물이므로 무단전재와 무단 복제를 금지하며,
이 책의 전부 또는 일부를 이용하려면 반드시 도서출판 올리버의 동의를 받아야 합니다.

* 값은 뒤표지에 있습니다.
* 잘못된 책은 구입하신 서점에서 바꾸어 드립니다.

* 도서출판 올리버는 탐나는책의 교양서 브랜드입니다.

올리버 세계교양전집 목록

01 **사람을 얻는 지혜** 발타자르 그라시안 지음 | 황선영 옮김
02 **자유론** 존 스튜어트 밀 지음 | 이현숙 옮김
　　서울대, 연세대, 고려대 선정 필독 교양서
03 **명상록** 마르쿠스 아우렐리우스 지음 | 김수진 옮김
　　하버드대, 옥스퍼드대, 시카고대 선정 필독 교양서
04 **군주론** 니콜로 마키아벨리 지음 | 민지현 옮김
　　하버드대, 옥스퍼드대, 서울대 선정 필독 교양서
05 **부는 어디에서 오는가** 월러스 워틀스 지음 | 김주리 옮김
06 **데일 카네기 인간관계론** 데일 카네기 지음 | 주정자 옮김
07 **데일 카네기 성공대화론** 데일 카네기 지음 | 신예용 옮김
08 **데일 카네기 자기관리론** 데일 카네기 지음 | 도지영 옮김
09 **인간 실격** 다자이 오사무 지음 | 임지인 옮김
10 **사양** 다자이 오사무 지음 | 이재현 옮김
11 **이방인** 알베르 카뮈 지음 | 구영옥 옮김
　　1957년 노벨 문학상 수상 작가, 미국대학위원회 선정 SAT 추천도서
12 **동물 농장** 조지 오웰 지음 | 윤영 옮김
　　《타임》 선정 '20세기 100대 영문 소설', 미국대학위원회 선정 SAT 추천도서
13 **도련님** 나쓰메 소세키 지음 | 임지인 옮김
　　서울대 선정 필독 교양서
14 **자기 신뢰 · 운명 · 개혁하는 인간** 랄프 왈도 에머슨 지음 | 공민희 옮김
15 **노인과 바다** 어니스트 헤밍웨이 지음 | 서나연 옮김
　　노벨 문학상 수상 작가, 1953년 퓰리처상 수상작
16 **소크라테스의 변명 · 크리톤 · 파이돈 · 향연** 플라톤 지음 | 최유경 옮김
17 **데미안** 헤르만 헤세 지음 | 이민정 옮김
　　노벨 문학상 수상 작가, 괴테상 수상 작가, 서울대 선정 필독서
18 **1984** 조지 오웰 지음 | 주정자 옮김
　　하버드대생이 가장 많이 읽는 책 20, 서울대 지원자들이 가장 많이 읽은 책 20
19 **톨스토이 단편선** 레프 니콜라예비치 톨스토이 지음 | 민지현 옮김
20 **군중심리** 귀스타브 르 봉 지음 | 최유경 옮김
　　《르몽드》 선정, 세상을 바꾼 20권의 책
21 **유토피아** 토머스 모어 지음 | 김용준 옮김
22 **프랑켄슈타인** 메리 셸리 지음 | 윤영 옮김
　　미국대학위원회 선정 SAT 추천도서, 《뉴스위크》 선정 세계 최고의 책 100선
23 **예언자** 칼릴 지브란 지음 | 김용준 옮김
24 **벤자민 버튼의 시간은 거꾸로 간다** F. 스콧 피츠제럴드 지음 | 이민정 옮김
25 **변신 · 시골 의사** 프란츠 카프카 지음 | 윤영 옮김
　　서울대 권장도서 100선, 미국대학위원회 선정 SAT 추천도서

26 **지킬 박사와 하이드 씨** 로버트 루이스 스티븐슨 지음 | 조진경 옮김
   하버드대 신입생 권장도서, 《가디언》 선정 '모든 사람이 꼭 읽어야 할 책'

27 **싯다르타** 헤르만 헤세 지음 | 최유경 옮김
   노벨 문학상 수상 작가, 괴테상 수상 작가, 서울대, 연세대, 고려대 선정 추천도서

28 **젊은 베르테르의 슬픔** 요한 볼프강 폰 괴테 지음 | 민지현 옮김

29 **수레바퀴 아래서** 헤르만 헤세 지음 | 정다은 옮김
   노벨 문학상 수상 작가, 괴테상 수상 작가, 국립중앙도서관 선정 청소년 권장도서

30 **햄릿** 윌리엄 셰익스피어 지음 | 홍수연 옮김

31 **위대한 개츠비** F. 스콧 피츠제럴드 지음 | 정윤희 옮김
   《타임》 선정 '20세기 100대 영문 소설', 미국대학위원회 선정 SAT 추천도서

32 **페스트** 알베르 카뮈 지음 | 구영옥 옮김
   1957년 노벨 문학상 수상 작가, 국립중앙도서관 선정 청소년 권장도서

33 **시지프 신화** 알베르 카뮈 지음 | 신예용 옮김
   1957년 노벨 문학상 수상 작가

34 **이반 일리치의 죽음** 레프 니콜라예비치 톨스토이 지음 | 정지현 옮김
   노벨 연구소 선정 최고의 작품, 시카고 대학 그레이트 북스

35 **어린 왕자** 앙투안 드 생텍쥐페리 지음 | 이민정 옮김

36 **로미오와 줄리엣** 윌리엄 셰익스피어 지음 | 정지현 옮김
   서울대 권장도서 100선, 미국대학위원회 선정 SAT 추천도서

37 **맥베스** 윌리엄 셰익스피어 지음 | 이현숙 옮김
   서울대 권장도서 100선, 미국대학위원회 선정 SAT 추천도서

38 **체호프 단편선** 안톤 파블로비치 체호프 지음 | 홍수연 옮김
   노벨연구소 선정 세계문학 100선, 1888년 푸시킨상 수상 작가

39 **오만과 편견** 제인 오스틴 지음 | 최유경 옮김
   미국대학위원회 선정 SAT 추천도서, 《뉴스위크》 선정 세계 최고의 책 100선

40 **여름** 이디스 워튼 지음 | 주정자 옮김
   최초의 여성 퓰리처상 수상 작가, 미국 문단에서 여성의 성장을 다룬 최초의 본격 문학

41 **걸리버 여행기** 조나단 스위프트 지음 | 강경숙 옮김
   디스커버리 선정 '죽기 전에 읽어야 할 책 100권'

42 **오즈의 마법사** 라이먼 프랭크 바움 지음 | 김진형 옮김

43 **키다리 아저씨** 진 웹스터 지음 | 박영민 옮김

44 **이솝 우화집** 이솝 지음 | 서나연 옮김

45 **이상한 나라의 앨리스** 루이스 캐럴 지음 | 강경숙 옮김
   더 가디언 선정 '100대 최고의 소설', BBC 선정 영국에서 가장 사랑받는 소설

46 **결혼·여름** 알베르 카뮈 지음 | 구영옥 옮김
   1957년 노벨 문학상 수상 작가